CREO EN SANTA CLAUS Y CREO EN DIOS

CREO EN SANTA CLAUS Y CREO EN DIOS

Por qué creo

Por J. Lynn Currie

ARPress
ILLUMINATING IDEAS
EMPOWERING VOICES

ARPress
45 Dan Road Suite 5
Canton MA 02021
Hotline: 1(888) 821-0229
Fax: 1(508) 545-7580

Ordering Information:
Quantity sales. Special discounts are available on quantity purchases by corporations, associations, and others. For details, contact the publisher at the address above.

Printed in the United States of America.

ISBN-13: Paperback   979-8-89676-315-4
          eBook   979-8-89676-316-1

Library of Congress Control Number: 2024901849

Las citas bíblicas provienen de la Nueva Biblia de Jerusalén, a menos que se indique lo contrario.

Las definiciones provienen del Concise Oxford American Dictionary (2006), a menos que se indique lo contrario.

Endosos

He conocido a Lynn durante alrededor de 20 años. Algunos de nosotros lo llamamos un pensador profundo. Sé que tiene pasión por sus creencias y el material que cubre en este libro. Es una lectura valiosa para cualquiera que tenga dudas sobre su fe debido a la ciencia o la filosofía. Compartiría este libro con cualquiera que esté enfrentando esas luchas o dificultades para reforzar su creencia. Reverendo Don Coventry, Diácono. Iglesia Episcopal de San Juan, Decatur, IL. Detective (Retirado), Departamento de Policía de Decatur, Decatur, IL.

Conocí a Lynn hace 45 años cuando era estudiante de segundo año de medicina. Durante 5 años, nuestras familias se reunían semanalmente en un pequeño estudio bíblico en grupo. Qué recuerdos tan maravillosos mientras "el hierro afilaba al hierro". El ingenio, la franqueza, la visión y el amor por Jesús de Lynn brillaban intensamente entonces, como lo hacen en este libro. Ten a mano un resaltador mientras lees esto... probablemente lo desgastes. Dennis E. McCreary, M.D. Certificado por la Junta Americana de Medicina Familiar. Medicina Familiar, Aurora Health Care, Zion, IL. Profesor Clínico Asociado, Chicago Medical School.

Conocí a Lynn cuando trabajábamos en la misma División de una agencia estatal. Sus habilidades de escritura eran bien conocidas. Como en ese entonces, y todavía lo soy, también soy predicador, por lo que conectamos. A lo largo de los años hemos tenido muchas conversaciones de naturaleza teológica y filosófica. En este libro, hace un buen trabajo compartiendo sus razones para creer en Dios. El material es directo, aunque enfatiza aquellas áreas que son de mayor importancia para él. Recomendaría este libro a cualquiera que no crea o tenga dificultades para creer debido a los temas discutidos. Reverendo Donald Peck, Pastor, Iglesia Metodista Unida de Loami, Loami, IL.

Lynn es la primera persona que bauticé en Cristo. Tenía 14 años y yo era su ministro juvenil de 19 años. La fe de Lynn era vibrante y entusiasta. Todavía recuerdo su respuesta después de leer *Torturado por Cristo* de Richard Wurmbrand, un libro que le di para leer. Cuando me lo devolvió, su reacción me sorprendió. Dijo algo como: "Ojalá pudiera estar allí. Realmente cuesta algo creer en Cristo cuando te enfrentas a la persecución".

Las pruebas que Lynn enfrentó en la vida no pueden caracterizarse como persecución, pero fueron suficientes para poner a prueba su fe. De hecho, las destruyeron... por un tiempo. Pero después de permanecer latente a lo largo de una vida de luchas físicas, emocionales y espirituales, las semillas de fe que se plantaron en su juventud volvieron a cobrar vida, y lo que lees aquí da testimonio de su fe no solo renovada, sino profundizada e incluso más robusta en Cristo.

Si la vida ha desafiado tu fe en un Dios que no solo existe, sino que te ama y se preocupó lo suficiente como para enviar a Su Hijo a morir por ti, deja que el viaje de Lynn a través de los campos minados de la vida ofrezca algo de ayuda y dirección que muy bien podría permitirte llegar a la orilla prometida. Rick Wenneborg, Ministro. Iglesia Cristiana de Chatham, Chatham, IL.

Prefacio

Cuando tenía alrededor de once años, me dijeron de manera algo burda y burlona que ya era demasiado grande para creer en Santa Claus. Años después, me dijeron con frecuencia que era demasiado grande y demasiado inteligente para creer en Dios. Yo discrepo con ambas afirmaciones.

El asunto de Santa Claus no es gran cosa. Pero mi creencia en Dios es algo muy importante para mí. Algunas personas consideran que mi creencia es irracional, anticientífica, delirante o incluso peligrosa. Yo no lo creo.

Creo que tiene tanto sentido creer en Dios como no creer en Él. Lo digo en términos de lógica, filosofía, ciencia y sentido común.

A menudo es difícil tener una conversación seria con alguien sobre cualquier cosa. Lo he encontrado particularmente difícil cuando intento compartir con familiares, amigos o conocidos las razones por las que creo en Dios. Hay varias razones por las que creo en Dios. Aparte de la dificultad de compartir todas o la mayoría de ellas en una conversación casual, es la combinación de esas razones (que también llamo evidencia) junto con la fe lo que respalda mi decisión de creer. En este sentido, es como el principio de que el todo es mayor que la suma de las partes.

Supongamos que un amigo te dice que estuvo en el "SOD BAR" la noche pasada. Lo dudas. Él dice que estuvo allí entre las 10:00 p.m. y la medianoche. Estaba con un amigo. Ese amigo dice que estuvieron allí. Pero eso podría ser una conspiración. El camarero reconoce una foto de tu amigo, pero no puede estar seguro de qué día o a qué hora lo vio por última vez. Un cliente cree recordar haber visto a alguien con la camisa tan interesante que llevaba. La cámara de seguridad tiene una foto de un coche que parece el de tu amigo, pero no de tu amigo. ¿Crees más o menos en tu amigo? Parte de tu decisión dependerá de la evidencia y de tu fe en tu amigo. Maldición, la vida es un Perro Extraño Viejo. [Frase tomada de una línea en la serie Providence.]

En este pequeño libro intento compartir mis razones para creer en Dios. Espero hacerlo de una manera que puedas entender de dónde vengo, estés de acuerdo o no.

Agradecimientos

Primero, quiero dar las gracias a Rick Wenneborg, quien me guió hacia la fe y ha sido un amigo, mentor y animador en mi vida y mi escritura. También agradezco a Lynn Laughlin, quien fue el profesor del primer curso de psicología que tomé. Como Decano de Estudiantes, también me mostró la gracia de Dios en mi experiencia de vida. Mi amigo de toda la vida, Jim Clarkson, leyó y discutió mi escritura conmigo. Hasta donde yo sé, no es teísta, pero sus comentarios me ayudaron a afinar la presentación de algunas de mis ideas. Mi hija, Jackie, discutió algunos de los contenidos y me hizo prestar atención a mi puntuación, además de preguntarme cómo iba el proceso. Susan, mi esposa, me ha apoyado a lo largo de todo el proceso. Le agradezco su ánimo, aunque a menudo haya sido algo como: "Si vas a hacerlo, entonces hazlo". Y, sobre todo, doy gracias a Dios, el Gran Espíritu, quien creo que, de alguna manera, inspiró la idea de que esto podría valer la pena hacerlo.

ÍNDICE

INTRODUCCIÓN

Cuando alguien me dice que no cree en Dios, generalmente simplemente digo que yo sí. Por lo general, me preguntan por qué. Esto tiende a llevar a al menos una pequeña conversación. Empiezo a responder diciendo algo como lo siguiente: me parece que o la materia siempre ha existido o Dios siempre ha existido y es la causa, el creador de la materia que existe. Entonces, la conversación sigue por aquí o por allá, y a veces no llega a ningún lado.

No quiero ni creo que sea correcto imponer mis creencias a los demás, aunque pudiera. Sin embargo, como teísta cristiano, siempre espero compartir alguna razón para que otros consideren la plausibilidad de la existencia de Dios.

No se puede probar la existencia de Dios. Hasta donde yo sé, eso es cierto. Y, hasta donde yo sé, tampoco se puede probar que Dios no exista. Por un lado, no se puede probar que algo que no existe no existe. Por otro lado, sí se puede probar la existencia de algo que existe si se tiene el entendimiento adecuado, la información necesaria y la capacidad para probar las hipótesis relacionadas.

En el ámbito científico, existen numerosas cosas que se cree que existen o funcionan de ciertas maneras basadas en hipótesis plausibles. Pero una hipótesis no probada sigue siendo solo una hipótesis, ya sea que se crea en ella o no. Si una persona cree (o cree en) cualquier cosa que sea hipotética o teórica, eso es un acto de fe. Una forma de pensar sobre la diferencia es que nadie pregunta o es preguntado si cree en el agua. El agua es un compuesto de hidrógeno y oxígeno (H_2O) y todos sabemos que es real. Algo como los fantasmas es otra historia, disfrutes o no de *Cazafantasmas*.

Para poder probar que algo existe, esa cosa debe ser un objeto. Debe ser algo que, de alguna manera, sea identificable y medible. Permíteme ser abstracto y teológico por un momento en este aspecto. ¿Es Dios algo? Según la mayoría, si no todos, los teologías, se considera que Dios es espíritu. El espíritu podría considerarse un objeto, pero un objeto que está más allá de nuestra capacidad de examinar científicamente.

Creo que hay muchísimas cosas sobre el mundo espiritual (sin mencionar el mundo material que vemos) que no sabemos. Por ejemplo, creo que hay buena evidencia de la percepción extrasensorial (PES) de diferentes maneras. En la teología cristiana, Dios creó muchos seres espirituales, o entidades, algunos de los cuales fueron ángeles. Algunos ángeles se rebelaron y terminaron siendo lo que llamamos demonios. Algo como los demonios u otras entidades espirituales podrían tomar forma humana o alguna forma que pudiera ser científicamente detectable y estudiada. Tal vez lo que llamamos fantasmas sean detectables. En el pasado, la palabra "fantasma" era intercambiable con "espíritu", como en el Espíritu Santo. Los fantasmas pueden o no ser el espíritu de una persona muerta. Sea como sea, tal aparición podría ser físicamente detectable. No lo sé, simplemente no lo descarto. Simplemente no me importa.

Si asumimos que Dios es espíritu y tiene las características y la naturaleza que le atribuye el cristianismo, nunca podríamos imaginar que podríamos probar su existencia. Desde una perspectiva cristiana, esto incluye y requiere fe. No una fe ciega, sino una fe en el contexto de evidencia y experiencia.

En un tribunal de justicia, se instruye a los jurados a declarar culpable a un acusado si lo consideran así más allá de una duda razonable. No de una duda absoluta. Muy pocas cosas están completamente libres de alguna posible sombra de duda, después de todo. Espero que puedas encontrar razonable creer en Dios, incluso con dudas razonables. ¿Acaso no confiamos en muchas cosas incluso con dudas razonables? Confiamos en que el avión volará. Sin embargo, existen probabilidades definidas de que podamos estrellarnos. Con esa duda razonable científica, arriesgamos nuestras vidas cada vez que volamos. Admito que es una mala analogía, pero intento decir que algunas cosas son razonables de creer incluso con algunas dudas.

Generalmente, cuando hablamos con alguien, nos gusta creer que compartimos algún terreno común. Eso no siempre es el caso. Me gusta pensar que soy una persona bastante tolerante, pero no tengo mucho para alguien que no cree en la realidad. Quiero decir, si no crees en la realidad, entonces toda la conversación es irreal, ¿verdad? Yo creo en los absolutos y la realidad es uno de ellos. Alguien podría decir que yo creo en Dios y esa es mi realidad, pero no la de ellos. Bueno, todos vivimos en la misma realidad, creamos lo que creamos. Sí, percibimos la realidad de manera diferente en mayor o menor medida, pero eso no significa que haya diferentes realidades que estamos percibiendo.

A veces mi esposa dice que hace calor, mientras yo me siento fresco. La temperatura es la misma. No significa que ella no esté sintiendo calor o que yo no esté sintiendo frío. El termómetro no registra una temperatura diferente para cada uno de nosotros. Tampoco muestra una temperatura que se sienta de forma diferente para cada uno de nosotros.

Algunos dicen que todo es relativo. Eso es relativamente cierto. Pero algo solo es relativo en comparación con otra cosa. Si solo hubiera una temperatura, no habría más caliente ni más frío. Sin embargo, eso no evitaría que la esposa se sintiera más cálida o yo más fresco. La forma en que las personas usan el término "relativo" me hace pensar que si todo es relativo, entonces la afirmación de que todo es relativo es relativa.

La teoría de la relatividad tiene principalmente que ver con la perspectiva. Simplemente, la perspectiva de un observador cambia la percepción del observador. Por lo tanto, la velocidad de un objeto en movimiento puede percibirse de manera diferente según la perspectiva del observador. Científicamente aceptado y demostrable.

La teoría de la relatividad se ha aplicado a la psicología, la sociología, la filosofía y la moralidad de manera extrema. Hasta el punto de decir que en última instancia no hay (verdad) absoluta ni bien ni mal; solo existe la percepción de uno al respecto. Independientemente de nuestras ideas sobre la verdad o lo que es correcto o incorrecto, que pueden ser muy diferentes, todos tenemos algún concepto de la verdad y del bien y el mal. ¿Puedes imaginar a alguien que no esté de acuerdo con la afirmación de que no está bien que me hagas algo malo? No decimos que todo es bueno y que algunas cosas son solo menos buenas. De alguna manera todos tenemos algún concepto de lo que sea que llamemos correcto e incorrecto.

Hasta cierto punto, nuestras percepciones de la realidad difieren en alguna medida de todas las maneras. Aun así, la realidad que percibimos es una y la misma. Afortunadamente, existe un rango (normal, por decirlo de alguna manera) de variación en las diferencias. Sin ello, tendríamos mucha dificultad para comunicarnos, incluso en lo básico.

Percibimos la realidad, al menos principalmente, a través de lo que llamamos nuestros sentidos. En cierto sentido, ninguno de nosotros está en contacto directo con la realidad, per se. Esto es cierto para todos los seres vivos. Para nosotros, los Homo sapiens, esto se denomina procesamiento de información humana. Por ejemplo, la luz llega a nuestros ojos. Se enfoca en nuestras retinas, que contienen grupos de células que responden a diferentes tipos de información, como el color. Esto se envía al cerebro (principalmente a partes especializadas en analizar los datos), el cual, con otras partes del cerebro, finalmente lo interpreta y decide qué hacer con ello, si es que hace algo. De maneras similares, percibimos la realidad a través de todos nuestros sentidos.

¿Existe el color rojo? Dicho simplemente, diría que si el color rojo no existiera, muchas cosas no existirían. Tenemos un coche rojo. Al leer esto, ¿visualizaste en tu mente un coche verde, amarillo o azul? Por supuesto que no. Imaginaste un coche rojo. Hay una buena probabilidad de que no hayas imaginado el modelo específico ni el color exacto del rojo. Nos referimos a un cierto espectro de luz como rojo. Ese espectro incluiría rojo metálico, rojo de camión de bomberos, rojo sangre, etc. Del mismo modo, no imaginaste un autobús o un camión, ¿verdad?

Creo que existe una realidad y que, en virtud de cómo estamos hechos y funcionamos, percibimos esa realidad. Y, a pesar de las variaciones, la percibimos de manera sorprendentemente similar. Es cierto que algunas personas son daltónicas (yo lo soy un poco), algunas son ciegas, algunas son sordas y algunas no tienen sentido del tacto o la temperatura. Estas personas carecen o difieren en su sentido de percepción comparado con la percepción normal (o usual) de la misma realidad.

¿Qué pasa si eres una mariposa y yo sueño que eres un ser humano? Es importante que haya una realidad y que todos la percibamos de una manera básicamente similar. Un hombre percibe que puede volar. Esa es su realidad. Se coloca en lo alto de un edificio y se prepara para despegar. ¿Crees que volará? Si no, ¿por qué no? Es su realidad. Si la realidad es realmente relativa e individual, ¿no deberíamos esperar que vuele? Creo que no lo esperas. Simplemente porque conoces algo llamado gravedad, tanto por la ciencia como por la experiencia, y entiendes la gravedad de la situación. Tal vez el hombre tenga algún tipo de malfuncionamiento en el procesamiento habitual de la información, biológico o psicológico. Crees en la ley de la gravedad y crees que ignorar esa ley es una especie de malfuncionamiento en la percepción de la realidad.

Imagino que la mayoría de ustedes que leen esto creen en la realidad. Es importante para mí que exista una realidad objetiva, consistente y perceptible. Hay algunos que creen que no existe la realidad o que lo que llamamos realidad es subjetivo. La objetividad, la consistencia y la perceptibilidad en la realidad son necesarias para la ciencia y nuestras vidas cotidianas.

Un buen ejemplo de esto es el principio de la permanencia de los objetos. Piensa en una silla. Si tienes una silla, esperas que siga siendo una silla mañana y tal vez durante varios años, dependiendo del estado de la silla. Ninguna silla será una silla para siempre. Pero durante un período razonable de tiempo, esperas que la silla no solo siga siendo una silla, sino que también siga siendo la misma silla. Si la silla está junto a la mesa, esperas que siga allí. A menos que haya terremotos, tornados, huracanes, etc. Si estás sentado en la silla y te levantas, es posible que te sientes de nuevo sin mirar si la silla sigue allí. Sin pensarlo, estás demostrando que crees en la realidad de muchas cosas, incluida la materia, la silla, la gravedad y otras leyes físicas.

Algunas personas piensan que no hay materia. Es un producto de nuestra imaginación. Creen que todos somos espíritu y que lo que pensamos que es materia es un producto del espíritu. Esto es difícil de entender para mí. ¿Importa si no hay materia pero vives tu vida como si hubiera materia y eso importa? Algunos creen que todos somos Dios. O que Dios es todo y todo es Dios. No puedo hablar por ti, pero no siento que sea Dios o el 7 de 9 de una conciencia grupal que forma parte de Dios. Me parece que cualquiera de estas formas de pensar solo puede llevar a algún tipo de nihilismo fatalista y determinista; básicamente, significa que nada importa de todos modos.

Todo lo que digo en las páginas siguientes ha sido objeto de estudio y reflexión por científicos, filósofos y teólogos a lo largo de muchos siglos. Respecto a lo que digo, existe una abundante literatura que lo apoya y critica. Yo soy solo un pobre estudiante de muchas mentes grandes. He disfrutado y aún disfruto leyendo sobre áreas de estudio como el cómo sabemos lo que sabemos (epistemología), la estructura de la experiencia y la consciencia (fenomenología), y la naturaleza del ser y el mundo que la engloba (metafísica, incluida la ontología). A veces olvido esas palabras grandes o lo que representan.

Mi intención aquí es compartir mis razones para creer en Dios. Algunas provienen de mi comprensión limitada de las áreas de estudio mencionadas anteriormente. Mi objetivo es proporcionar suficiente material para la reflexión para que el lector considere que creer en Dios es una opción plausible y razonable.

CREO EN PAPÁ NOEL
(¿Y QUÉ SIGNIFICA ESO?)

Algunos años antes de ser adolescente, estaba visitando a mis primos gemelos. Ellos tenían dos cuerdas atadas entre dos árboles en su jardín. La de abajo era una cuerda floja. Caminas sobre ella mientras te agarras de la otra. Mis primos eran un poco mayores que yo. Cuando me tocó a mí, sentí miedo. Mis piernas comenzaron a temblar tanto que temía caerme de la cuerda. Creía que podía hacerlo, y con mucha aprensión, lo logré.

Poco después, mientras conversábamos, noté un par de bicicletas y piezas junto a su garage. Dije: "Voy a pedirle a Papá Noel que me dé una bicicleta". Mis primos empezaron a reír. Se burlaron de mí preguntándome: "¿Todavía crees en Papá Noel?" Respondí: "Sí", lo cual solo empeoró la situación. Más risas y me decían lo tonta que era. ¡No existe Papá Noel!

Bueno, mis padres siempre me hablaban de Papá Noel. Recibía regalos de Papá Noel. ¿Cómo no iba a existir Papá Noel? Más tarde, en casa con mis padres, compartí esto con ellos y les pregunté sobre Papá Noel. Lo mejor que pudieron hacer fue intentar explicarme todo esto. Me dolió mucho.

Estaba enojada con mis padres. ¿Cómo podían dejarme creer en algo que no era cierto? Lloré. No lo expresaba de esta manera en ese entonces, pero era como si me hubieran traicionado. A la edad que tenía, eso afectó mis sentimientos de confianza y percepción de la realidad. Fue un gran acontecimiento en mi vida, por más tonto que parezca.

Ahora tengo poco más de 70 años y todavía creo en Papá Noel. Tiene que ver con lo que significa "creer". Me di cuenta de que mis padres no tenían malas intenciones. Querían que fuera parte de una tradición comúnmente practicada. Se divertían con ello y disfrutaban ver mi felicidad al recibir algo de Papá Noel.

Entonces, ¿por qué sigo creyendo y qué significa eso? Bueno, no creo en un hombre alegre que de alguna manera entrega regalos. Creo que es una tradición, basada en una leyenda y tal vez algo de hecho. Disfruté practicar la tradición con mis hijos. Aún era divertido, incluso con mi explicación de que solo era una tradición.

Déjenme ser claros, la manera en que digo que creo en Papá Noel y en Dios es bastante diferente. Se trata principalmente de semántica y las muchas maneras en que usamos la palabra "creer".

¿Qué significa creer en algo o creer en algo de todos modos? Esto se refiere a la creencia en Dios. Preguntamos, ¿crees en los fantasmas o en seres extraterrestres o en Dios? No preguntamos si crees en los autos o en las casas. Hay muchas canciones que preguntan cosas como "¿crees en los milagros?" y "¿crees en el amor?"

De todos modos, vale la pena echar un vistazo a lo que podríamos significar con "creer". Las siguientes definiciones son de Dictionary. com.

"Creer" cuando se usa como un verbo con un objeto significa tener confianza en la verdad, la existencia o la confiabilidad de algo, aunque sin prueba absoluta de que uno está en lo correcto al hacerlo. Cuando se usa como un verbo, como en "creer en", significa estar convencido de la verdad o existencia de algo o tener fe en la confiabilidad, honestidad, benevolencia, etc. de algo.

En el mismo sentido en que las hadas son seres imaginarios y los unicornios son animales míticos, también creo en Papá Noel. ¿Qué significa entonces cuando digo que creo en Dios?

Comencemos con lo que quiero decir con "Dios". ¿Qué o quién es Dios? Las siguientes definiciones están parafraseadas del Concise Oxford American Dictionary.

Dios (en el cristianismo y otras religiones monoteístas) es el creador y gobernante del universo y la fuente de toda autoridad moral; el ser supremo. Y dios (en ciertas otras religiones) es un ser o espíritu sobrenatural adorado como poseedor de poder sobre la naturaleza o la fortuna humana; una deidad.

El diccionario no puede cubrir todo, especialmente si intenta ser conciso. Hay muchas otras formas en que las personas conceptualizan lo que se puede denominar como Dios. Estas incluyen: Dios es todo; todo es Dios; Dios está en todo; nosotros somos Dios; somos Dios convirtiéndonos en Dios; Dios es la conciencia cósmica; Dios es G.O.D. (el principio Guiador, Organizador, Diseñador); y quién sabe qué más.

Es importante para mí que tengas una idea de por qué creo en Dios en el sentido teológico judeocristiano y tradicional cristiano. Algunas de mis razones para creer se basan principalmente en lo que sé sobre la ciencia actual y algunas en mi comprensión de la filosofía y la teología. Todos estos interactúan de diferentes maneras y en mi visión del mundo. Los fundamentos de la ciencia son hipótesis, experimentos y (posible) replicación, todo en el contexto de diseño de investigación, metodología, etc. La filosofía es el estudio del conocimiento. ¿Qué sabemos y cómo lo sabemos? Muy dependiente de diversos enfoques lógicos. La teología es, en un sentido, una especialidad filosófica, siendo el estudio de Dios. Aunque a menudo se estudian otros "estudios". De todos modos, mis creencias sobre Dios incluyen lo que se llaman atributos que se mencionan o derivan de declaraciones en el Antiguo y Nuevo Testamento. Por ejemplo, Dios está fuera del tiempo y, al mismo tiempo, en el tiempo. Me referiré a estas cosas a medida que considere que apoyan mi creencia a lo largo de lo que compartiré.

Aquí hay un pequeño ejemplo. El brillante Stephen Hawking hizo una declaración que, debido a que el Big Bang fue casi instantáneo y no existía tiempo hasta ese momento, Dios no habría tenido tiempo para crear nada. Pero, si aceptas la suposición de que Dios está fuera del tiempo, en el tiempo, y es el creador del tiempo tal como lo conocemos, entonces Él tuvo todo el tiempo del mundo, por así decirlo, para hacer lo que quisiera.

Mi concepto de tiempo interactúa con mis creencias de varias maneras. Lo discutiré a medida que se aplique. En resumen, creo que Dios es atemporal; siendo el creador del tiempo – el tiempo tal como lo conocemos y cualquier otro tiempo que Él haya creado. Esto es un poco teológico y no completamente consistente con otros pensamientos sobre el tiempo que conozco. Bíblicamente, Dios se identificó como "Yo soy" y "Yo soy el que soy". Nos falta la capacidad de comprender algo que simplemente es. ¿Qué significa eso? Honestamente, no tengo ni idea. No tiene sentido para mí. Sin embargo, las otras explicaciones sobre nuestra existencia tampoco me hacen sentido, como se discutirá más adelante.

Esto puede ser más filosófico que teológico, pero he llegado a la conclusión de que Dios existe en "el tiempo de Dios". Tal vez el uso de "tiempo" allí no sea correcto. Nuestro tiempo, que es todo lo que conocemos, fue el resultado del Big Bang. Es una dimensión de 4 (altura, anchura, profundidad, tiempo) o hasta al menos 7 para acomodar la teoría de cuerdas, y quizás hasta 11 a 21, dependiendo. En mi forma de pensar, nada de lo que pudiéramos conocer (excepto de lo externo a nuestro tiempo) puede ser o suceder fuera de nuestro tiempo. Así es como mejor entiendo a Dios y el tiempo. Él está fuera del tiempo tal como lo conocemos, ya que el tiempo está en nuestro universo. Pero dado que Dios estaba y hacía cosas antes de la creación de nuestro tiempo, Él existía en Su tiempo. Pero hay mucho que no sabemos. Creo que tal vez haya más, o diferentes, dimensiones del tiempo que no conocemos.

En mi visión del mundo, Dios es espíritu. Como espíritu, Él no es materia (a menos que quiera tomar esa forma; ya que Él creó la materia de todos modos). El espíritu está fuera o más allá de cómo funcionan las cosas en el mundo en el que vivimos. En nuestro mundo, alguna consistencia de la materia y las reglas de cómo funciona la materia son necesarias para toda la ciencia. No tenemos idea de cómo concebir algo que sea atemporal. Estamos limitados por la realidad que experimentamos y decimos conocer. No podemos poner a Dios en una caja y estudiarlo. La mayoría de nuestras descripciones son antropomórficas. Eso es todo lo que podemos hacer. Estamos en Sus manos y Él lo ve todo, etc. Dios no tiene manos ni ojos. Decir tales cosas es una forma de expresar cómo es Él o lo que hace. Sin embargo, Dios puede tomar forma humana con manos y ojos reales.

Y así, creo en Dios (sin prueba absoluta). ¡Todos creemos en muchas cosas sin prueba absoluta! Creemos o tenemos fe. Los dos términos suelen usarse de forma intercambiable. Sin embargo, puede haber diferencias sutiles según de qué estemos hablando. Me parece tan lógico creer en Dios como no creer. La evidencia, tal como la conozco y entiendo, me parece más a favor de la creencia que de la no creencia. Más allá de eso, está la fe. Eso es ligeramente diferente. Admito que, en mi creencia, estoy dando un salto de fe. Pero creo que no es un salto ciego de fe. No está basado en prueba absoluta, pero es razonable con evidencia de apoyo. Sí, tengo mis dudas y preguntas. No importa lo que uno crea, todos las tenemos. Como Madre Teresa y Billy Graham. En resumen, quiero que veas por qué creo que tiene al menos tanto sentido creer en Dios como no creer. Mis razones para pensarlo las comparto contigo.

TAMBIÉN LA MATERIA O DIOS HA EXISTIDO SIEMPRE

P uede sonar tonto, pero una pregunta filosófica antigua es "¿Por qué existe algo en lugar de nada?" La gente ha reflexionado sobre esto y escrito muchos volúmenes discutiendo este tema. Por supuesto, si no hubiera nada, nadie se preguntaría por qué no hay nada. Yo acepto la existencia y realidad de algo. La pregunta para mí es, ¿de dónde proviene la materia?

Desde mi perspectiva, solo hay tres respuestas posibles a esta pregunta. La primera es que la materia siempre ha existido. La segunda es que algo proviene de la nada. La tercera es que Dios ha existido siempre y creó la materia.

En el pasado, parecía tan sensato creer que el universo había existido siempre como lo era creer que la Tierra es plana y el centro del universo. Ahora, se acepta generalmente que el universo no ha existido siempre. Es el resultado de lo que llamamos el Big Bang. Esto tiene que ver con la creación del universo y no con la creación de la materia, per se. La idea es que hubo un punto de singularidad o algo infinitesimalmente pequeño que de alguna manera explotó y, durante miles de millones de años, terminó produciendo el universo y todo lo que contiene. Una decisión básica que debo tomar es si la materia siempre ha existido o si Dios ha existido siempre y es el creador de la materia. Aún creo que esas son mis opciones, a pesar del Big Bang, las explicaciones de algo proveniente de la nada y los pensamientos sobre cómo la materia no existe. Sin importar lo pequeño que sea, o cuántos multiversos o universos rebotantes haya, seguía siendo algo. Fuese lo que fuere, o siempre existió o fue creado.

Creo que yo y la materia existimos. Mi cuerpo es materia. Si me caigo por las escaleras y me rompo el cuello al golpearme con otra materia [lo hice], ¡eso importa! Hay algunos que dirían que eso es solo una ilusión o algo por el estilo. Dirían que, de alguna manera, cada uno de nosotros es la mente divina o la conciencia cósmica, o parte de ella, viéndonos o convirtiéndonos en nosotros mismos: Dios viendo a Dios o Dios convirtiéndose en Dios.

Este tipo de pensamiento está contenido en algunas religiones y filosofías orientales. Es posible que estés familiarizado con esta forma de pensar presentada en la Ciencia Cristiana. Desde esta perspectiva, la materia no existe, todo es espiritual. Dios (un Principio sin personalidad o identidad) es todo lo que existe, y lo que percibimos como materia es una interpretación de la mente divina. [de *Science and Health with Key to the Scriptures*, de Mary Baker Eddy, 1866]

Las críticas a esto, y a otros puntos de vista similares, se hacen científicamente, filosóficamente y teológicamente. Permíteme compartir por un momento una historia relacionada, algo tangencial. Tuve la bendición de tomar algunas clases de nivel de posgrado con el Dr. James Strauss. Solía decir que la Ciencia Cristiana no era ni cristiana ni ciencia. Esto no tiene nada que ver con la veracidad de su afirmación, pero lo comparto debido al impacto que tuvo en mí. El Dr. Strauss era un tipo increíble. Quiero decir, estudió en Tubinga y en muchos lugares prestigiosos, pero eligió enseñar en un humilde colegio pequeño en Lincoln, Illinois. En un par de ocasiones, lo vi prestarle a un estudiante de posgrado un montón de tres a cinco libros y pedir que los devolviera al día siguiente. Era de esos tipos que podía leer una página así, de un solo vistazo. Se decía que él leía libros mientras cortaba el césped. Dudaba de ello. Luego lo vi. No es broma, estaba empujando la cortadora de césped y leyendo. Y comía en la cafetería con nosotros, los estudiantes. Había un dicho sobre la universidad: era un buen lugar para entrenar misioneros porque había comida caliente y fría, y si podías comer la comida de la cafetería, podías comer cualquier cosa. En términos de la comida, nos gustara o no, era algo.

Entonces, ¿de dónde vino la materia, ese algo inimaginablemente pequeño? Lo más fácil para mí es pensar que siempre ha existido. Por muchas razones científicas, incluyendo las matemáticas y todo eso, este pensamiento no es suficiente para muchos en la comunidad científica. En parte debido al intrigante estudio de la mecánica cuántica y la física, hay una idea de que algo proviene de la nada. Se ha sugerido que es la naturaleza de la nada convertirse en algo. Ten en cuenta que si la nada tiene una naturaleza, no es nada. Y, por extraño que suene, eso también significaría que la nada siempre existió. Esto me resulta algo raro, ya que parece más filosófico que científico. Me refiero a lo que se entiende por la palabra "nada".

En el lenguaje común, si abrimos una caja y no vemos nada, decimos que no hay nada en ella. Otros saben lo que queremos decir. No hay nada que percibimos o nos importa. No queremos decir que haya algo que podamos llamar nada en ella. No queremos decir que la caja esté vacía de aire, polvo, microorganismos, gravedad, radiación, partículas cuánticas, energía negativa o algo, o todo. Igual que lo que llamamos espacio vacío, en realidad no está vacío en absoluto.

En su libro *The Wonder of the World*, Varghese discute ocho principios ontológicos (la rama de la metafísica que trata de la naturaleza del ser) que utiliza para, básicamente, respaldar la existencia de Dios. Su tercer principio aborda la idea de algo proveniente de la nada. Su resumen de esta discusión es una mejor presentación de mi línea de pensamiento y más concisa. Lo siguiente es parte de su resumen. "A lo largo de los siglos, los pensadores que han considerado el concepto de nada han sido cuidadosos al enfatizar que nada no es una especie de algo. La nada absoluta nunca puede ser el objeto de una investigación científica porque toda investigación presupone la existencia del objeto de estudio y de algún orden que gobierne el comportamiento del objeto. ... La nada de la que los cosmólogos contemporáneos y los físicos cuánticos hablan siempre resulta ser algo disfrazado". (Varghese 2003, 132-133)

Creo que ya tengo suficiente edad como para haber pensado que el universo era estático, incluso si fue creado por Dios. Ahora acepto que el universo no es estático, pero aún creo que fue creado por Dios.

Esta es una consideración básica para mí. Bueno, si algo que importaba siempre ha existido, entonces Dios no lo creó. En sí mismo, eso desafiaría mi visión del mundo cristiana.

Una vez se me sugirió que tal vez tanto la materia como Dios hayan existido siempre. Mi primer pensamiento fue que eso era una locura. Después de reflexionar sobre ello, supongo que tal vez eso sea hipotéticamente posible. Esa es la única vez que he escuchado esa idea. Históricamente, es fácil entender por qué ni los ateos ni los teístas considerarían una teoría viable que considere esto. Dado que se creía que la materia y el universo siempre habían existido, no había necesidad de considerar a un dios que estuviera más allá de nuestra investigación científica. Ahora que esto se está cuestionando, los ateos proponen las ideas mencionadas anteriormente, que algo viene de la nada. Debe ser así si no hay Dios. En general, los teístas creen que Dios ha existido siempre y creó todo lo que conocemos: la materia y el universo. No hay una razón convincente para tratar de yuxtaponer estas dos visiones del mundo.

Yo creo en la materia. Dado que la mayor parte de mi vida involucra materia, es fácil creer en ella. Es lo que forma gran parte de todo lo que nos importa, ¿verdad?

EVIDENCIA DE DISEÑO EN LA CREACIÓN Y LA VIDA

La idea básica detrás de esta línea de pensamiento es que si algo parece haber sido diseñado, entonces es probable que haya un diseñador. Esto se conoce comúnmente como el argumento del relojero. Va algo así como lo siguiente.

Si fueras una persona que nunca ha visto un reloj y te encontraras uno mientras caminas por la playa, te parecería interesante. Si descubrieras que marca la hora, probablemente pensarías que fue hecho para hacerlo. Alguien diseñó esa cosa. Y, más allá de eso, fue diseñada con el propósito de dar la hora. Toma esta línea de razonamiento y aplícalo al universo. El universo es muy complejo y funciona. Igualmente, las personas son muy complejas y funcionan. Podrías pensar que todas estas cosas fueron diseñadas y para algún propósito. Esto tiene sentido para mí.

Sin embargo, tal vez todo es solo el resultado de cosas aleatorias que suceden. Las cosas suceden aleatoriamente, o eso parece. Pero no tanto cosas que funcionen y sirvan a un propósito. Estoy asombrado por la cantidad de cosas que deben funcionar y seguir funcionando para que el universo exista. Sin mencionar un universo que sea adecuado para que vivamos en él. Un aspecto del diseño implica orden. Un orden que se impone al proceso, ya sea por un agente externo, autónomo y necesariamente inteligente o por una ley (¿y de dónde viene la ley?). La verdadera aleatoriedad, o lo que llamaríamos pura aleatoriedad, no produce orden. Produce caos o homogeneidad. Tal homogeneidad podríamos decir que es ordenada, pero es de poco o ningún uso.

Sin algo que intervenga, la segunda ley de la termodinámica dice que las cosas se descomponen o se deshacen (pierden el orden). Hay muchos ejemplos en la vida que ilustran este punto. Es cierto que algunas de estas cosas parecen autoevidentes o tontas de considerar. Sin embargo, son interesantes porque parece más razonable, de manera intuitiva y experimental, que las cosas tienden a descomponerse o deshacerse en lugar de producir orden, especialmente el orden complejo que es necesario para la existencia del universo y la vida.

¿Recuerdas al relojero? Si desarmaras un reloj y tiraras las piezas al aire o las agitaras en una olla durante miles de millones de veces o años, ¿crees que aparecería un reloj? ¿O esperarías encontrarte con una hermosa pintura de arena en la playa, sin suponer que alguien la creó? Y luego, tendría que ser sostenida, o por el viento, la lluvia o las olas se desvanecería. Si tomas algunas camisas del secador o algunas ya dobladas y las lanzas al aire, ¿esperarías que caigan dobladas? ¿Incluso si lo hicieras durante miles de millones de años? Si tomas todas las letras del alfabeto muchas veces y las tiras al aire, una palabra podría caer. Si las tiras nuevamente, esa palabra probablemente no estará allí, y necesitarías varias palabras para formar una oración de varias palabras. ¿Cuáles son las probabilidades de obtener una oración de varias palabras en un solo intento? En un sentido evolutivo, algo debe mantener la palabra unida para mezclarse con otra palabra y luego con otra hasta formar una oración de varias palabras.

El punto aquí es que la aleatoriedad no produce orden. La cantidad de orden y leyes (que pueden ser ordenadas o producir orden) que se requieren para el universo y la vida está muy por encima de mi comprensión. La siguiente discusión presenta solo algunos ejemplos que realmente me asombran y que, para mí, son señales que apuntan hacia un creador autónomo e inteligente de leyes y orden.

Creo que las cosas cambian con el tiempo (evolucionan). Pero la teoría de la evolución sigue siendo una teoría, aunque haya mucha creencia en ella. Tengo un entendimiento limitado de los argumentos biológicos serios al respecto. Puede que esté equivocado, pero dudo de que el caldo primordial sea la fuente de mi propio ser. Una teoría que depende de la supervivencia del más apto asume la llegada del más apto. Puede haber algo de aleatoriedad involucrada. Cada vez es más difícil tratar las bacterias. ¿Estamos evolucionando para vencerlas? Sin embargo, la aleatoriedad no es exactamente aleatoria. Hay un orden subyacente en la aleatoriedad. Una parte importante de mi formación educativa es la psicología social. Estoy familiarizado con la metodología de encuestas y la curva en forma de campana que subyace en nuestro enfoque hacia muchas cosas. Así que, cuando me encontré por primera vez con este pensamiento, me quedé desconcertado. Quiero decir, si estás haciendo una encuesta, quieres obtener una muestra aleatoria. En este sentido, cualquier orden implicaría que no tienes una muestra aleatoria. Cuando entendí mejor esto, me sentí aliviado al saber que no estaba directamente relacionado con lo que me preocupaba.

Básicamente, se trata del orden inherente en la aleatoriedad, como en cómo la aleatoriedad produce la curva en forma de campana. Mi introducción a la curva en forma de campana vino por medio de ser calificado según la curva. Es una forma bastante rudimentaria de asignar un valor al rendimiento de alguien en una prueba por muchas razones. De todos modos, hay una puntuación promedio (media) de todos los que toman la prueba. Esa sería la cima de la curva. Matemáticamente, otras puntuaciones pueden calcularse como una o dos desviaciones estándar por encima o por debajo y usarse para asignar una calificación. Otra forma en que puedes conocer la idea de la curva en forma de campana tiene que ver con las pruebas de CI. Aquí hay un ejemplo matemático. Si eliges un número al azar del 1 al 100 cien veces y calculas el promedio de esos números y repites este proceso cien veces y graficas los promedios, terminarás con algo cercano a una curva en forma de campana casi perfecta.

La idea aquí es que el muestreo aleatorio de números produce una curva en forma de campana predecible. ¿Por qué debería ser así? Parece haber algún orden en la aleatoriedad por alguna razón, o debido a alguna razón. Al concluir un capítulo sobre este tema, Schwartz dice lo siguiente. "El orden no ocurre por casualidad, pero la aleatoriedad tampoco. La lógica se vuelve inexorable. La conclusión se vuelve ineludible. Si los órdenes complejos no ocurren por casualidad… y descubrimos evidencia replicable de un orden complejo (ya sea en pinturas de arena o en secuencias de números que experimentamos como melodías y armonías), entonces no podemos llegar a la conclusión lógica de que los órdenes replicados podrían haber ocurrido por casualidad. La casualidad per se ya no es una explicación plausible para la existencia del orden. Es así de simple." (Schwartz 2006, 53)

Odio admitirlo, pero no soy lo suficientemente inteligente como para hacer un buen uso de mi teléfono inteligente. Creo que alguien lo diseñó para hacer cosas que no comprendo. El hecho de que no lo comprenda, no significa que no lo crea. Es un invento tecnológico que funciona de manera sorprendente y pago por usarlo. No tengo idea de qué significa 5G. Ojalá no sea más confusión para mí.

Más cerca de casa, según mi comprensión, necesitamos bacterias útiles para vivir. Bacterias que son algo, pero no necesariamente, simbióticas o parasitarias. Y, todos tenemos o hemos tenido células cancerosas o precancerosas, pero nuestro cuerpo tiende a encargarse de ello. A tantos niveles y de tantas maneras, todo es complejo y complicado. Me asombra que algo funcione, y mucho más todo junto.

Debido a los avances y descubrimientos más recientes, gracias a la astronomía, la cosmología y la astrofísica, generalmente se acepta que el universo tal como lo conocemos no es eterno. El universo que conocemos comenzó con un evento denominado el Big Bang. La investigación (que en sí misma es muy compleja y complicada y mayormente más allá de este hombre simple) indica que la edad del universo es de 13.82 mil millones de años (más o menos 20 millones de años). La edad de nuestra galaxia, la Vía Láctea, es de 11 a 13 mil millones de años. Y, la edad de nuestro planeta Tierra es de aproximadamente 4.54 mil millones de años. Sí, en algunos aspectos el tiempo es relativo, pero así es como lo medimos. No suelo pensar en cosas con tantos números. Como si viviera hasta los 100 años, tendría que vivir diez millones de vidas para llegar a mil millones de años. O, si estuviera contando billetes de dólar a razón de uno por segundo sin parar, me tomaría 31.69 años llegar a mil millones. Hay mucho tiempo involucrado en estas cosas. Aun así, observe que esos tiempos no son infinitos ni siquiera trillones o cuadrillones de años.

Por lo que puedo deducir, el consenso científico general es que desde el Big Bang, el universo ha estado expandiéndose. Al principio fue muy, muy rápido. Luego un poco más lento por razones que no comprendo. Y desde entonces, continúa expandiéndose a una tasa más rápida. Honestamente, hay algunos detractores de esta visión.

De todos modos, esto me parece interesante. ¿Puede el universo seguir existiendo y expandiéndose para siempre? La mayoría de los astrofísicos dicen que no. De cualquier manera, el resultado será que nuestro universo dejará de existir. Esto no es una amenaza existencial. Las estimaciones que he leído son de uno a tres billones de años. Eso realmente no importa. Nuestro sol morirá, se apagará, dentro de unos 5.5 mil millones de años. Si para entonces podemos llegar a un planeta habitable, podríamos vivir hasta que ese sol muera, etc. Pero solo hasta el momento en que el universo deje de existir. Puede que luego colapse en una singularidad infinitesimal y tenga que convertirse nuevamente en un universo. Así lo dicen algunos. Sin embargo, el uso de la palabra "tiempo" en relación con eso es incómodo si crees que el continuo espacio-tiempo fue creado a través del Big Bang.

Dado que el consenso científico, en su mayoría, sostenía que el universo siempre existió o lo hizo durante muchos miles de millones de años, se pensaba que había tiempo suficiente para que las cosas correctas simplemente se juntaran y eventualmente produjeran vida. Algunas de estas suposiciones se han vuelto más cuestionables y complicadas.

Una complicación es el Big Bang en sí mismo. Basado en estudios de radiación de fondo y otras mediciones, muchos investigadores sitúan la edad del universo en 13.8 mil millones de años y la edad de la Tierra alrededor de 4.45 mil millones de años. Esto puede parecer mucho tiempo. Sin embargo, no hubo un número infinito de lanzamientos de los dados cósmicos. Otra complicación es la edad de la primera vida identificable en la Tierra. En su libro *The Hidden Face of God* (El rostro oculto de Dios),

Schroeder comenta el trabajo de Elso Barghoorn. En la década de 1970, Barghoorn examinó rocas que eran las más antiguas capaces de contener fósiles usando un microscopio electrónico. Encontró evidencia fósil de bacterias completamente desarrolladas en rocas de 3.6 mil millones de años. Con más estudio, descubrió indicios de vida celular alrededor de 3.8 mil millones de años, aproximadamente cuando el agua líquida apareció por primera vez en la Tierra. Esto es científicamente interesante porque hay evidencia de vida en la Tierra mucho menos de mil millones de años después de que el universo dio origen a la Tierra. "De la noche a la mañana, la fantasía de miles de millones de años de reacciones aleatorias en pequeños estanques cálidos llenos de productos químicos fecundos que conducen a la vida, se desvaneció. Elso Barghoorn había descubierto un hecho desconcertante: la vida, el sistema de átomos más complejamente organizado conocido en el universo, surgió en un abrir y cerrar de ojos geológicos." (Schroeder 2001, 51-52)

Schroeder comparte comentarios relacionados con estos asuntos del laureado con el Nobel, químico orgánico y líder en los estudios del origen de la vida, Christian de Duve, en el libro de de Duve *Tour of a Living Cell* (Recorrido por una célula viva). "La velocidad a la que la evolución comenzó a moverse una vez que descubrió la vía correcta, por decirlo de alguna manera, y la aparente forma autocatalítica con la que se aceleró, son verdaderamente asombrosas... [Sin embargo] el azar, y solo el azar, lo hizo todo. Pero no es, como algunos lo plantean, la respuesta completa, porque el azar no operó en un vacío. Operó en un universo regido por leyes ordenadas y hecho de materia dotada de propiedades especiales. Estas leyes y propiedades son las restricciones que moldean la ruleta evolutiva y limitan los números que pueden salir... Ante la enorme cantidad de sorteos afortunados detrás del éxito del juego evolutivo, uno puede legítimamente preguntarse hasta qué punto este éxito está realmente escrito en el tejido del universo." (Schroeder 2001, 51-52)

¿Qué es la vida, en fin? Pensé que habría una respuesta científica directa. No necesariamente. Descubrí que, en general, la ciencia dice que hay siete procesos vitales. Si algo contiene estos siete procesos, se consideraría vivo. Sin embargo, encontré dos listas diferentes de los siete procesos y solo pude distinguir que hay cuatro elementos que son comunes en cada lista. Puedes comprobarlo, pero aquí están los siete elementos de cada lista. En una lista, los procesos son movimiento, respiración, sensibilidad, nutrición, excreción, reproducción y crecimiento. En otra lista, los procesos son respuesta a estímulos, metabolizar energía, producir descendencia, crecer, mantener una temperatura corporal estable, estar compuesto por una o más células y adaptarse al entorno. Parece que, en cierto nivel, algo está vivo dependiendo de tu definición de vida.

En el momento de escribir esto, la infección por COVID-19 sigue siendo rampante. Me intrigó escuchar a algunas personas hablar de matarlo y a otras decir que no se puede matar porque no está vivo. Para mí, parece que aplicar cualquiera de las listas de siete procesos indicaría que no está vivo. Una razón es que no puede reproducirse sin entrar en una célula. Entonces, alguien dice que si consideras la vida como algo que puede replicarse a sí mismo con la ayuda de una célula, entonces podrías llamarlo vivo. Es solo una cuestión de definición.

De todos modos, incluso si existen algunas áreas grises, lo que llamamos vida está ahí. Soy de la opinión de que la vida no proviene de lo no vivo. No creo que mezclar muchos productos químicos pueda resultar en vida. Hasta ahora, la ciencia no ha podido crear vida a partir de lo no vivo. Se ha pensado que eso se logró. Sin embargo, lo que se produjo fue el material necesario para la vida. Y, incluso eso no ha sido replicado que yo sepa.

En su discusión sobre la vida, Varghese afirma: "Así, llegamos a la conclusión de que la vida de cualquier tipo no puede provenir de lo no vivo. En el análisis final, la vida debe surgir de una Fuente trascendental que no es simplemente viva, sino que es Ella Misma la Vida en toda su plenitud." Además, presenta una declaración del Dr. Warner Arber, quien fue ganador del Premio Nobel por el descubrimiento de la enzima restrictiva. Arber escribió: "1. La vida solo comienza a nivel de una célula funcional; 2. Las células más primitivas requieren varios cientos de diferentes macromoléculas biológicas específicas; 3. Es un misterio cómo tales estructuras ya complejas se reunieron; y 4. La posibilidad de un Creador, de Dios, representa una solución satisfactoria a este problema." (Varghese 2003, 54)

Que haya algo en absoluto ha sido de gran interés durante mucho tiempo. Que haya vida es asombroso e incluso de mayor interés. Especialmente vida que pueda tener interés y experimentar asombro mientras también reflexiona sobre el interés y el asombro.

¿Qué pasaría si la ciencia pudiera crear vida? Soy escéptico, pero tal vez sea teóricamente posible. Si eso ocurriera, hay varias razones por las que no restaría a mi creencia en Dios. La vida, en sí misma, está muy lejos de ser agentes conscientes, inteligentes y autónomos. Lo que sea que la ciencia cree, lo hace a partir de cosas que ya existen. La ciencia estaría trabajando con materia y con las reglas que rigen la materia. Además, no sería el resultado de una suerte aleatoria, ya que la ciencia es una fuerza intervencionista, inteligente y con propósito. En los esfuerzos por crear vida, la ciencia está esencialmente buscando replicar la creación de la vida.

Me parece que hay reglas o leyes involucradas en todo lo que existe. Algunas reglas se aplican a la creación del universo, a la existencia continua del universo y a la propia vida. Las reglas que conocemos son universales y tal vez no todas sean implícitas o inherentes a las cosas a las que se aplican. Este principio impregna muchas de las razones por las que creo. En pocas palabras, la cosa controlada por reglas no es responsable de las reglas. Las reglas o leyes tuvieron que precederla. Entonces, ¿de dónde provienen las reglas o leyes?

Me resulta interesante que, en cierto sentido, todo es una sola cosa: energía. Pero la energía se manifiesta en muchas formas. Cada átomo es como un pequeño sistema solar, donde los electrones orbitan el núcleo como los planetas orbitan el sol. Hay mucho espacio ahí a nivel atómico y mucho más a niveles subatómicos. Las moléculas están hechas de átomos. Los átomos consisten en un núcleo (típicamente un neutrón y un protón) y electrones junto con fotones, neutrinos, gluones, muones, quarks, etc., junto con las cuatro fuerzas de las fuerzas nucleares fuertes y débiles, las fuerzas electromagnéticas y la gravedad que lo mantienen unido y le permiten hacer lo que un átomo hace. Si no fuera por estas fuerzas, por diversas razones, no habría nada de lo que percibimos como materia. Las fuerzas que mantienen todo unido evitan que pasemos a través del suelo, por decirlo de alguna manera. Si pinchamos una pieza de madera, parece sólida para nosotros. Pero podemos martillar un clavo en la madera. Las fuerzas que mantienen unido el clavo son más fuertes que las que mantienen unida la madera. Y, ¿y qué, verdad? Así es como funciona. Es bonito que funcione para nosotros. Aunque no sepamos exactamente cómo, y mucho menos por qué. En ciencia, esto podría llamarse un "dado" o identificarse como un hecho bruto. La ciencia continuará investigando la parte del cómo. La parte del por qué debe abordarse a través de la filosofía científica o la ciencia metafísica. Obviamente, hay reglas involucradas.

También me resulta interesante que haya orden en el caos. Entender esto me causó algo de esfuerzo mental. Pero, después de leer nuevamente el libro de Gleick, *CHAOS*, me siento más cómodo. Este libro fue tal vez el primer intento de presentar a la gente común una introducción a la historia de las teorías y ciencias relativamente nuevas del caos. Cuanto más procesaba y reflexionaba sobre la información, más las premisas básicas me parecían intuitivamente comprensibles. Según lo entiendo, la ciencia del caos básicamente trata de descubrir el orden dentro de lo que de otro modo se considera o parece caos.

Esto es un tema bastante complicado y no pretendo entender las matemáticas o la física detrás de esta área de la ciencia. La idea básica es que algo que parece caótico puede no serlo en absoluto cuando se estudia utilizando otras herramientas y metodologías. Lo más importante para mí en esto tiene que ver con los estudios de eventos que producen resultados que parecen caóticos en sí mismos. Sin embargo, todo está relacionado, no solo en el momento del estudio, sino también a lo largo del tiempo. La ciencia del caos indica que cuantos más factores añades a la fórmula y los sigues a lo largo del tiempo, hay un orden que de otro modo no se ve.

Permítanme compartir esto del libro de Gleick: "El caos ha creado técnicas especiales para usar computadoras y tipos especiales de imágenes gráficas, imágenes que capturan una estructura fantástica y delicada subyacente a la complejidad. ... Para algunos físicos, el caos es una ciencia del proceso más que del estado, del devenir más que del ser ... No importa el medio, el comportamiento obedece las mismas leyes recién descubiertas." (Gleick 1987, 4-5)

Noten la referencia a las leyes. Mi opinión es simplemente que a menudo percibimos el caos (o la aleatoriedad) porque no vemos el panorama más grande. Es como no ver el bosque por los árboles. Y, creo que eso aplica a muchas cosas.

También hay mucho más en el diseño que lo que existe en la materia, las reglas y las leyes de la naturaleza. Están nuestras percepciones de las cosas compuestas de materia a nivel físico. Y, están nuestras percepciones de cosas que son no materiales. Al terminar este capítulo sobre el diseño, me adentro brevemente en algunos asuntos filosóficos y teológicos relacionados que apoyan mi creencia en Dios. Filosóficamente, estoy hablando del área de la fenomenología, que trata de las estructuras de la experiencia y la conciencia, y el significado que tienen las cosas en nuestra experiencia. Teológicamente, comparto mi comprensión de cómo Dios se revela en el diseño de la creación. Me parece más fácil abordar esto desde estas dos perspectivas, pero son similares e interrelacionadas.

Cuando veo una flor, veo una flor. No veo, porque no puedo, todos los sistemas complejos de la flor o las moléculas y átomos que la componen. Sin embargo, en un sentido, a ese nivel, solo son varios átomos. Sin embargo, son ciertos átomos de ciertos elementos en cantidades específicas y dispuestos de ciertas maneras para ser algo que llamamos una flor. Como en, una rosa, por otro nombre, sigue siendo una rosa. Y aún así, puede percibirse como algo más que una rosa. Si le das una rosa o un ramo a alguien, podría percibirse como un regalo que representa el amor – o tal vez esperes que así sea. Podría percibirse como algo hermoso. Así, una flor que es una rosa puede ser mucho más.

En cierto sentido, un poema no es más que letras, aunque letras dispuestas para formar palabras y palabras dispuestas para formar oraciones y oraciones organizadas para dar sentido al conjunto de oraciones. Y lo entendemos a través de nuestros sentidos y el lenguaje con nuestra conciencia, emoción e inteligencia. Algo similar a una pintura, que en cierto sentido no es más que átomos... etc. Pero percibimos una pintura. No apareció aleatoriamente. Fue pintada.

Asumimos que fue pintada por un pintor. Puede que nos guste o no la pintura, eso no importa. La pintura que percibimos fue creada con un diseño en la mente de su creador.

En *The Wonder of the World*, Varghese dice que vemos a Dios en todo. Mi comprensión de lo que él quiere decir es que, si vemos la maravilla de y detrás de todas estas cosas, vemos a Dios. Podría expresarlo de manera un poco diferente, como: en todas estas cosas vemos la obra de las manos de Dios.

Schroeder, en *The Hidden Face of God*, adopta el enfoque de que todo es información. Obviamente, cualquier ley o regla consiste en o al menos contiene información. Por ejemplo, cuando el esperma y el óvulo humanos se encuentran, tienen toda la información para crear todo lo que termina siendo un ser humano. La información no proviene de la nada. Inherentemente, tiene que provenir de algo que tiene información y la capacidad de compartirla, de alguna manera. En resumen, él dice, según mi entendimiento, que Dios es la fuente de la información, siendo la inteligencia última, trascendente. Por lo tanto, cuando percibimos cualquier cosa, es tanto inteligente como el resultado de la inteligencia. Así, cuando vemos algo que es el resultado de la inteligencia (información), vemos a Dios. Nuevamente, yo diría que vemos la obra de Dios, una pequeña pero tal vez significativa diferencia.

C. S. Lewis habla de las cosas en la naturaleza y nuestra experiencia como señales o puntos de referencia, como marcas en un sendero. En su libro *Surprised by Joy*, describe haber experimentado la alegría, lo que se convirtió en algo que deseaba. Sin embargo, descubrió que lo que realmente estaba buscando era aquello a lo que la alegría señalaba: la fuente de la alegría: Dios.

Supongo que todos, en algún momento, han tenido la experiencia de ser abrumados por el asombro, de ser sorprendidos por la belleza, de estar bañados en maravilla, llenos de gozo. Una definición de "gloria" es la manifestación de la presencia de Dios tal como la perciben los humanos. Esto se expresa en la Biblia de la siguiente manera: "Los cielos cuentan la gloria de Dios, y el firmamento anuncia la obra de sus manos. Un día emite palabra al día, y una noche a otra noche declara sabiduría. No hay lenguaje, ni palabras, ni se oye su voz; pero por toda la tierra ha salido su sonido, y hasta el extremo del mundo sus palabras." (Salmos 19:1-4)

Al concluir este capítulo, digo que creo que hay evidencia de diseño (orden, reglas/leyes) en la creación y la vida. El universo y la vida son muy complejos. Las complejidades son ordenadas por reglas y leyes que gobiernan la naturaleza de todo lo que existe. La aleatoriedad no produce orden, aunque haya orden en la aleatoriedad. Me parece que algo nunca proviene de la nada. De igual manera, las reglas o leyes no provienen de la nada. Dejadas a su suerte, las cosas básicamente se desmoronan. Por lo tanto, creo que hay un diseñador, un creador de reglas y leyes, y algo (o alguien) que lo mantiene todo unido, un sustentador, y creo que ese es Dios.

CONSCIENCIA, INTELIGENCIA, LENGUAJE Y LIBRE ALBEDRÍO

Me parece apropiado discutir estos temas juntos. Quiero decir, hay que estar consciente y tener un sentido de conciencia para discutir la conciencia, ¿verdad? Para discutir la conciencia, hay que tener algún tipo de inteligencia, capacidad para pensar y comprender. Para tener una conversación, hay que comunicarse, y gran parte de lo que hacemos típicamente es a través del lenguaje. Admito que mis razones para incluir el libre albedrío aquí pueden ser un tanto tenuas. Sin embargo, en algún nivel me parece que no se podría tener libre albedrío si no se tiene conciencia, inteligencia o la capacidad de analizar elecciones. A pesar de que algunos procesos de pensamiento pueden ser experienciales, emocionales o visuales.

Hay una pequeña canción que he visto en varios lugares y que me gustaría que tuvieras en cuenta mientras lees el resto de este capítulo. Dice así: Un estudiante le pregunta al profesor: "¿Cómo sé que existo?" El profesor responde: "¿Quién pregunta?"

El lenguaje es quizás el más fácil de estos temas para discutir, pero empecemos con la conciencia. Todos los que he conocido parecen creer que tienen conciencia, salvo cuando están inconscientes. Es decir, en cierto modo estamos inconscientes mientras dormimos. Sin embargo, no completamente y en diferentes grados en diferentes momentos. Dormir y soñar me parecen muy interesantes. Si has viajado mucho, probablemente alguna vez te hayas despertado y por un segundo te hayas preguntado dónde estabas. Sin embargo, sabes que sigues siendo tú.

La conciencia es un tema complicado. Hay que estar consciente para saber que se está consciente, al menos en algún nivel. Ha sido objeto de interés para científicos y filósofos desde que existieron. ¿Qué es la conciencia, en todo caso? El diccionario dice: "el estado de estar despierto y ser consciente del entorno, la percepción o conciencia de algo por una persona, el hecho de ser consciente de uno mismo y del mundo." Es interesante que la definición introduce el concepto de mente. ¿Y cómo define el diccionario mente?: "el elemento de una persona que le permite ser consciente del mundo y de sus experiencias, pensar y sentir; la facultad de la conciencia y el pensamiento...." Bastante directo, ¿verdad?

Científicamente, especialmente médicamente, estás inconsciente si te noquean o te anestesian, o algo por el estilo. Algunos casos son de grado. Si estás simplemente durmiendo y alguien empieza a cortar tu pecho para hacer una cirugía del corazón, apuesto a que usualmente te vuelves completamente consciente muy rápido. Si estás anestesiado, no eres consciente de todo el aserrado y corte que está sucediendo. He estado allí, lo he pasado. ¡Pero después de eso eres completamente consciente! Y aún así, sigues siendo la misma persona con la misma conciencia.

Alguien podría preguntar acerca de la amnesia, daño cerebral y cosas como el Alzheimer. Es triste escuchar a alguien decir que su cónyuge ya no está allí. Estos son asuntos que afectan el funcionamiento normal. A veces una persona puede no reconocerte, pero te contará historias de su vida. Por un momento podría mostrar que sabe quién eres. El hecho de que no recuerdes quién eres no significa que no seas la misma persona. En gran medida, estas son excepciones a la regla, anomalías. Es interesante que la amnesia pueda resultar de un trauma psicológico. Eso debe involucrar algún tipo de conexión entre la mente y el cerebro. En estas circunstancias, ya sea que la persona pueda comunicarlo o no, creo que sigue existiendo con la misma conciencia. Un ejemplo sería cómo alguien puede estar en coma durante muchos años y luego volver como su antiguo yo.

Eso es todo lo que la ciencia puede hacer con la conciencia. Estás consciente, semi-consciente o inconsciente. A pesar de los estados alterados de conciencia y su estudio. Como drogas que alteran la mente, psicotrópicos, privación sensorial, meditación, etc. De todas formas, sigue siendo un estudio de los efectos de algo sobre algo llamado conciencia, no un estudio directo de la conciencia.

Por lo que entiendo, cuando las personas hablan de la mente, están hablando más de las acciones del cerebro. La conciencia se considera más como algo relacionado, interdependiente y entrelazado con el cerebro. A lo largo de miles de años ha habido muchos intentos filosóficos de abordar qué diablos es lo que constituye la conciencia. Son cosas extrañas y aburridas, pero consulta algunos elementos en la bibliografía si eso es lo que te interesa. Históricamente, gran parte de los escritos en esta área son sobre el alma. Diferentes maneras de discutir qué es lo que eres cuando dices "yo" o te refieres a ti mismo como "me".

Creo que tengo conciencia. Hay un "yo" que soy yo. A pesar de que las células de mi cuerpo cambian muchas veces, sigo siendo yo. ¿Cómo es esto?

A dónde quiero llegar con esto es simple: la materia, en sí misma, no produce ni contiene conciencia. Tal vez filosóficamente o religiosamente estés en desacuerdo con esto, pero no creo que una roca sepa (esté consciente) de que es una roca y contemple cómo eso es o qué significa. O bien siempre hubo materia que evolucionó en vida que es consciente, o bien siempre hubo un Dios de conciencia última que creó todo e impartió conciencia.

Algunos dirán que a medida que evolucionamos, nuestros cerebros terminaron creando nuestra conciencia. O algo así. Está bien, pero yo simplemente no lo veo. Es para mí una cuestión que requiere una conciencia fuera del tiempo/espacio para impartirla. Solo estoy expresando mi opinión, la manera en que veo las cosas.

Las personas han perseguido la inmortalidad durante siempre, por así decirlo. Como la fuente de la juventud y cosas por el estilo. Algunas personas que creen que nuestra conciencia y quiénes somos es el resultado de procesos electroquímicos, piensan que podríamos digitalizarlo y, por lo tanto, vivir para siempre, en cierto sentido. Lo dudo. Pero, incluso si fuera posible, no tiene nada que ver con si fue Dios quien finalmente lo hizo posible. No puedo imaginar que sea algo que me interese personalmente. Además, uno podría "vivir" más tiempo, pero esa vida aún llegará a su fin en algún momento de alguna manera.

Pasemos a los pensamientos sobre la inteligencia. Tendemos a pensar en lo inteligente que eres; cuánto sabes, en general. O, ¿es tu CI 100 o por encima de 130? A medida que envejezco, creo que el mío ha bajado; sin embargo, mi experiencia incluyó administrar las pruebas Weschler y Stanford-Binet. Lo encontré bastante intrigante. Pero existe lo que sea que es la inteligencia y hay astucia callejera y sentido común. Y sabes que no son todos iguales. Trabajé con un tipo que era miembro de MENSA. Hace muchos años, cometió lo que probablemente consideraríamos un crimen cibernético financiero significativo. Según lo que él dijo, se entregó básicamente pensando que eso sería mejor para él que ser atrapado. Tal vez eso fue inteligente. Era muy inteligente, pero, ¿qué tan inteligente fue cometer el crimen cuando podría haber ganado mucho sin hacerlo?

Volveré a hablar de la roca. En términos generales, diría que la roca no puede hablar. En cierto sentido, tal vez una roca tenga su propia historia. Eso es en parte lo que quieres decir. Mi herencia nativa americana me dice que todas las cosas son del Gran Espíritu y Él puede hablarnos a través de cualquiera de Su creación. Eso está más allá de mi comprensión. Sin embargo, si una roca tiene alguna inteligencia (y estoy seguro de que la tiene en el sentido de información, como todo), vino de fuera de la propia roca.

Hablando de una roca, puede hablarnos de diferentes maneras. En términos de lenguaje, eso es realmente algo asombroso. Hay muchas formas de comunicación o de compartir información que ocurren entre animales y plantas. Sin embargo, lingüistas como Noam Chomsky han dicho que el lenguaje es innato en los seres humanos. Nuestra comunicación lingüística es cualitativamente diferente. Esto solía ser ampliamente aceptado entre lingüistas y filósofos. Sin embargo, esto es otra cosa que depende en gran medida de cómo lo definas.

Las cosas "se comunican". Los árboles que son comidos por jirafas emiten un aroma que alerta a otros árboles para que pongan en sus hojas algo que a las jirafas no les gusta, para protegerse. Esto es comunicación, el compartir información. Pero, ¿es lenguaje? No discuten sobre el clima, cómo estuvo tu día o cuál es el sentido de la vida. ¿Siente una planta dolor? Mis ancestros nativos (y algunos otros) dicen que sí. Me desvié un poco de tema allí.

El lenguaje puede no estar limitado a los humanos. Puede ser cualitativamente diferente para los humanos, pero también tanto cuantitativamente. Durante mucho tiempo, el lenguaje de señas de las personas sordas no se consideraba lenguaje por muchos. Principalmente porque no involucraba hablar. Desde entonces se ha aceptado como lenguaje. Bueno, tiene que ser un lenguaje para traducir discursos políticos enrevesados o presentaciones científicas.

Los experimentos e investigaciones sobre el ASL (lengua de señas americana) con chimpancés pueden indicar que los chimpancés pueden hablar a través del ASL. Su aparato vocal no les permite hacer sonidos humanos. Digo "pueden" porque eso está debatido. Lo mismo es cierto para los niños pequeños. Los chimpancés evidentemente pueden comunicarse con el vocabulario de un niño de 2 a 3 años. Como padre, pensaba que estaba hablando, incluso a un nivel infantil, con mis tres hijos pequeños.

Mi punto es que el lenguaje es algo único. Parece obvio que está interrelacionado con la inteligencia. También parece que, salvo la imagen visual, algunos ESP o cosas por el estilo, son necesarios para recibir o transmitir pensamientos o ideas, etc. Como tal, considero que el lenguaje es algo que requiere una entidad externa que creó el lenguaje o al menos la propensidad para el lenguaje.

Y ahora, el aparentemente fácil, el libre albedrío. Digo aparentemente fácil porque todos los que conozco actúan como si tuvieran libre albedrío; sin embargo, algunos serán deterministas o fatalistas en sus pensamientos. Para ser estrictamente materialista, probablemente tengas que creer que todo lo que te concierne ha sido o está siendo determinado por tus genes, tu experiencia y tus circunstancias.

Digo que las personas actúan como si tuvieran libre albedrío por muchas razones. Si le compras a tu esposa un regalo de aniversario, te gusta pensar que elegiste hacerlo. Y te gusta pensar que tu esposa cree que lo hiciste porque lo elegiste. Lo sé, suena tonto. No piensas que lo hiciste porque simplemente tenías que hacerlo y no quieres que tu esposa piense que solo lo hiciste porque no tenías otra opción. Tal vez olvidaste tu aniversario. No es tu culpa. Estaba predeterminado que lo harías. ¿El cónyuge va a pensar de esa manera?

Es cierto que a veces no tenemos opción. Esa es la excepción más que la regla. Cuando tenía trece años, mi abuela se quedó con nosotros. Una vez, cuando solo estábamos los dos en casa, ella seguía caminando por la casa y preguntando dónde estaba el bebé. Yo estaba aterrorizado, ya que no había ningún bebé. Obviamente, tenía algún tipo de demencia. El malfuncionamiento de las conexiones sinápticas y demás creó en su mente que debía encontrar al bebé. Debido a eso, ella eligió buscar al bebé. Bueno, si esa es tu experiencia, ¿quién no buscaría al bebé? Mi interpretación de eso es que eso no es determinismo fatalista. Ella tomó una decisión racional dada la información que tenía.

Algo similar, pero diferente, es cuando alguien es inocente por motivos de locura. Digamos que alguien mata a otra persona porque cree que Dios le dijo que lo hiciera. Si realmente lo cree, la elección de hacerlo no es completamente irracional. Profundizar más en estos tipos de cosas requeriría una discusión sobre la ética médica y legal.

Esas cosas no son lo normal. El proceso de toma de decisiones en el cerebro, íntimamente relacionado con la conciencia, ha sido interferido. Es algo triste y considerado anormal, de ahí toda la investigación en estas áreas.

Mientras escribo esto y tú lo lees, ¿puedes negar que estamos conscientes? La conclusión para mí es que las cosas materiales no están conscientes y no hay evidencia de que lleguen a estar conscientes.

En términos de libre albedrío, creo que elegí escribir esto. Creo que tú elegiste leer esto. El concepto ha recibido mucha atención en la filosofía y la teología. Aún no hay un acuerdo completo sobre los fundamentos en ambas o entre ambas áreas del pensamiento.

MORALIDAD Y EMOCIONES

Cuando era un niño pequeño, mi papá solía decirme, con una sonrisa, "Eres un buen chico. Solo que no sabes para qué eres bueno". Como padre, tenía mi idea de cuándo mis hijos se comportaban bien. Eso implica que también tenía mi idea de cuándo se comportaban mal. El tema aquí está relacionado con el concepto de lo bueno y lo malo, o lo correcto y lo incorrecto – no qué es correcto o incorrecto. Y, también, las emociones relacionadas con sentirte bien o mal, o feliz o triste.

Aunque una cultura o un individuo pueda tener ideas diferentes sobre lo que está bien y lo que está mal, tienen algún concepto de lo correcto y lo incorrecto. Su concepto de lo correcto o lo incorrecto puede ser correcto o incorrecto, pero existe el concepto. Puede haber una cultura en la que se sacrifique a un niño a un dios. Puede considerarse lo correcto. Algunos dirían que eso prueba que todo es moralmente relativo. Yo podría decir que las costumbres de esa cultura están equivocadas. Es tan posible que una cultura esté equivocada como lo es que cualquier persona esté equivocada. ¿Verdad?

Esta es un área como todas las áreas del pensamiento en la que ha habido un estudio serio y escritos durante siglos. Solo comparto mis pensamientos basados en lo mejor de mi comprensión y cómo se relaciona con por qué soy teísta.

La consideración básica aquí tiene que ver con cómo es que las personas tienen un sentido de lo correcto y lo incorrecto. ¿Cómo es eso? Incluso si la conciencia es solo un resultado del funcionamiento bioeléctrico físico, eso no implicaría que el concepto de moralidad sea un resultado de ese mismo funcionamiento o una creación de la conciencia. La moralidad no es un componente necesario ni un producto de la conciencia. Como se discutió anteriormente, existen diferentes ideas sobre lo que es la conciencia. Y no se puede estudiar directamente. Esto no trata sobre qué es lo correcto o incorrecto, sino sobre cómo existe el concepto de lo correcto y lo incorrecto.

No creo que la conciencia haya surgido de la materia innata. De manera similar, no creo que el concepto universal de moralidad haya surgido de la materia innata. Una roca no está viva. Una roca no es consciente. Una roca no tiene sentido de la moralidad. Mi postura es que una roca, por sí misma, nunca cobrará vida, se volverá consciente ni tendrá ningún sentido de moralidad.

Considera una línea recta y una línea torcida. Si solo hubieras visto líneas rectas, no tendrías un concepto de una línea torcida. Pero cuando ves una línea torcida, sabes que no es una línea recta. Técnicamente, puede que no haya una línea recta verdadera en nuestra existencia. Puede ser una construcción hipotética que funciona para fines de la física y demás. La estoy usando como una analogía, como lo han hecho otros. No hay una razón material para que tengamos el concepto de lo correcto y lo incorrecto. Las cosas simplemente son. Aún así, tenemos el concepto de lo correcto y lo incorrecto.

Mi opinión es que cualquier concepto de moralidad no evolucionó de la materia. Por lo tanto, provino de una entidad autónoma y moral. Ya sé, podrías no estar de acuerdo. Solo lo estoy diciendo tal como lo veo.

Las emociones son diferentes, pero están relacionadas con la moralidad. A menos que estemos abordando las emociones desde un punto de vista filosófico, básicamente no tenemos un concepto de emociones; experimentamos emociones. Experimentamos amor, odio, felicidad y tristeza. La misma pregunta que se hizo con respecto a la moralidad se aplica a las emociones. ¿Cómo es que las emociones existen?

Cuando hablamos de emociones, supongo que tenemos una idea similar de lo que se quiere decir. Por otro lado, no pensamos mucho en qué es realmente una emoción. Mi diccionario describe la emoción de la siguiente manera: un estado natural e instintivo de la mente derivado de las circunstancias de uno, el estado de ánimo o las relaciones con los demás; cualquiera de los sentimientos particulares que caracterizan tal estado mental, tales como alegría, ira, amor, odio, horror, etc.; sentimiento instintivo o intuitivo a diferencia de la razón o el conocimiento. De alguna manera, sabemos qué es, pero no es tan fácil de describir.

Las emociones son muy interesantes. Por una parte, son personales. Tú y yo podríamos mirar por la misma ventana y ver la misma lluvia cayendo. Tú podrías sentirte feliz por eso. Yo podría sentirme triste y decepcionado. Así que, obviamente, no es la lluvia lo que causa una reacción emocional particular.

Las emociones son interesantes porque son algo que experimentamos vicariamente. Ves una película. Alguien es severamente desairado por alguien a quien ama. Sabes cómo se siente. Te sientes triste por él. Es solo una película. No es real. Sin embargo, tu sentimiento es real y es posible que incluso llores lágrimas reales.

¿Alguna vez has visto a un tipo viendo un partido de béisbol en el que un jugador atrapa una pelota en su entrepierna? El tipo que está viendo actúa como si él estuviera en dolor. Nada le pasó a él. Está empatizando con el tipo que evidentemente está en dolor.

Además, probablemente hayas experimentado una emoción como si fuera dolor físico. Si tu hijo se lesiona, sientes dolor con él. Si has perdido un hijo, duele. Lo siento. El mío tenía 21 años, pero sigue siendo mi hijo. Yo duele. Nadie te va a decir que eso no es real.

No creo que la conciencia sea algún epifenómeno que surja de la materia. Quiero decir, solo de la materia sin ninguna guía externa. No creo que ningún concepto de moralidad o emociones haya surgido de la materia sin ninguna influencia externa. No creo que una roca sea consciente y, por lo tanto, no se pregunta por qué es una roca. Una roca no tiene sentido de lo correcto y lo incorrecto, ni siente bien o mal por nada. Al menos hasta donde yo sé.

En este sentido, me parece que una entidad externa, autónoma, inteligente y consciente es necesaria para que existan cosas no materiales y metafísicas como la conciencia, la inteligencia, el concepto de moralidad y las emociones. Creo que esa entidad es Dios.

Hay un principio en filosofía que dice que para construir algo, necesitas los materiales adecuados. En pocas palabras, esto es lo mismo que decir que necesitas madera para construir una cabaña de troncos y no puedes construir una cabaña de troncos con ladrillos. Algunos aplican esto a las cosas metafísicas mencionadas anteriormente. Por ejemplo, no puedes construir una emoción a partir de una roca. Es casi por definición; no puedes construir algo metafísico a partir de lo físico. Dios, por definición, es inmaterial. Él es espíritu. Por lo tanto, Él es la fuente de estas cosas metafísicas dentro del universo físico.

ARGUMENTOS EN CONTRA DE DIOS

Esto también puede ser complicado y enrevesado. Soy un hombre sencillo y me parece que la mayoría de los argumentos en contra de Dios son básicamente lo opuesto de los argumentos a favor de Dios. En un sentido, dado que la existencia de Dios no puede ser probada ni refutada, uno cree de una u otra forma basándose en su entendimiento de las pruebas (científicas, filosóficas, históricas y experienciales). De todos modos, uno cree de una u otra forma. Tu elección es, en última instancia, mayormente una cuestión de fe: eliges, por las razones que sea, creer en una cosa o en otra. Mi punto al escribir esto es compartir por qué creo y hacer la declaración de que tiene (al menos) tanto sentido (científica, filosófica, histórica y experiencialmente) ser teísta como ser ateo.

Para efectos de discusión, divido los argumentos en contra de Dios como científicos, filosóficos y personales.

Los argumentos científicos son principalmente que Dios no es necesario porque: 1.) la materia siempre ha existido o viene de la nada; 2.) la evolución no requiere a Dios para lo que es, para la vida o la humanidad; y 3.) no hay evidencia de Dios científicamente. Las objeciones filosóficas y personales a creer en Dios parecen reducirse a: 1.) creer en Dios o en algo "sobrenatural" es dañino para la humanidad, es delirante o un problema psiquiátrico, como si la religión lo arruinara todo y por lo tanto fuera "malévola" (evidentemente un problema que la evolución aún no ha solucionado?), o 2.) ¿cómo podría haber un Dios cuando hay tanto dolor y sufrimiento? – sin mencionar la pregunta de cómo o por qué me pasó esto a mí.

Ya he comentado sobre los problemas de la materia o de la materia proveniente de la nada. Los escritores cristianos actuales difieren en los detalles sobre la evolución. Puede sonar simplista, pero yo creo que Dios creó todo lo que existe, incluyéndonos a nosotros. Y, no siendo demasiado inteligente, no me importa si Él inició un proceso que llegó a su cumplimiento o interactuó activamente en el proceso. Fenomenológicamente, yo percibo (soy conscientemente consciente de) estar aquí, ser yo, y aunque a veces pueda actuar como una piedra, no creo que sea una piedra. Tal vez tú puedas relacionarte con eso de alguna manera.

Esta próxima parte tiene que ser un poco filosófica y teológica. No soy un buen estudiante de historia. Soy lo suficientemente consciente de que se han hecho cosas atroces en nombre de alguna religión. Pero mi poco conocimiento también me dice que se ha hecho mucho bien en nombre de alguna religión. Las personas pueden hacer el bien y el mal. Si eres como yo, imagino que habrás hecho ambos.

Creo que los siguientes pensamientos encajan aquí. Considera lo siguiente filosófica y lógicamente: si se requiere un ser o entidad para la vida, la conciencia, las emociones, la inteligencia, etc., no se requiere que cumpla con nuestras ideas de lo que debería ser. Dios es quien Él es. Primero, ¿quiénes somos nosotros para cuestionarlo? Luego, está el tema del libre albedrío. ¿De dónde viene lo que llamamos maldad?

Respecto al primer tema, algunos dicen que no pueden creer en un Dios que permite tanto dolor y sufrimiento. La primera pregunta es si hay o no un Dios. No si, si hay un Dios, ese Dios es quien tú quieres que sea. Si hay un Dios, entonces puedes buscar saber quién es ese Dios. Si hay o no un Dios, o la necesidad de una entidad externa, inteligente y consciente, está en el ámbito de la filosofía científica y la lógica. La naturaleza de un Dios que existe está mayormente en el ámbito de la teología.

La teología cristiana tradicional reconocerá que Dios permite el dolor y el sufrimiento. Pero Dios no lo creó. Es el resultado del pecado. Es similar a cuando tú permites que tu hijo monte una bicicleta. Tu hijo se cae y se lastima. ¿Es eso tu culpa? Si aplicas ese tipo de pensamiento a Dios, entonces sí, es tu culpa. Hasta donde sé, todas las ideologías religiosas contienen la esperanza o la promesa de una vida o existencia libre de dolor y sufrimiento. Tal vez te conviertas en Dios, alcances el Nirvana o te conviertas en parte de la conciencia cósmica.

Imagina conmigo por un momento. Si pudieras crear una forma de vida que desearas que te amara, ¿crearías un robot que no tuviera otra opción que hacer lo que fue programado para hacer? Si has tenido hijos, los amas y deseas que te amen. También no quieres que sufran daño. ¿Te gustaría que fueran como el chico de la burbuja? Creo que no. Haces lo mejor que puedes y les deseas lo mejor. Los enseñas, los cuidas lo mejor que puedes y esperas lo mejor. Pero si solo responden de maneras que expresan amor apropiado, donde no hay opción, no podría ser satisfactorio para ti. A veces le dices algo a tu hijo que sabes que no le gustará. Crees que es lo mejor para él o ella. Esperas que tu hijo siga tu consejo y no te odie. Aún así, no lo sabes. ¿Si dejas que tu hijo se lance en bicicleta y se rompe un brazo, es culpa tuya? ¿Si te golpeas el pie y tropiezas y te rompes una costilla, es culpa de Dios? ¿Me entiendes?

Este punto puede ser un poco redundante, pero es importante para mí. Al final, si hay un creador, hay un creador. Si no te gusta algo o todo de ese creador, qué mal. Puedes elegir no creer en ese creador o ignorarlo, pero eso no tiene nada que ver con si ese creador existe o no. Si eres pintor y pintas un cuadro, eres el pintor diseñador del cuadro. El cuadro no puede decir que no le gusta como luce o al pintor. Pero debido a que se nos ha otorgado algo de inteligencia y libre albedrío, podemos hacer algunas de esas preguntas. Está bien preguntar, pero al final es peor que luchar contra molinos de viento.

Algunos dicen que los humanos somos tan imperfectos que no podríamos ser seres creados por Dios. Algunos han usado nuestros ojos como ejemplo. Han dicho que el ojo está lleno de fallos de diseño funcional. Otros ven nuestros ojos como partes increíblemente funcionales de nuestro cuerpo. Algunos han dicho que Dios no es tan inteligente como para poner funciones excretoras tan cerca de las partes reproductivas. Somos lo que somos. Perdón por esto, pero dado quienes somos, ¿dónde pondrías tu ano? ¿En la parte inferior de tu pie, para caminar sobre tu trasero? ¿O en tu barriga? Eso podría hacer que abrazar fuera un poco sucio, ¿no?

Conozco a un hombre ciego. Es brillante y creyente. Canta en el coro. Como está soltero, alguien le preguntó sobre citas o chicas en su vida. Nunca olvidaré su respuesta. Dijo: "¿Qué es feo?" Qué profundo. Mientras vemos, podemos ser ciegos a la belleza. Mientras conocemos algo, podemos ser ignorantes de la verdad.

Tengo que añadir aquí que tales cosas son más fáciles de tratar desde una perspectiva cristiana. Desde una perspectiva teológica cristiana, hay ángeles creados por Dios. Ellos tenían libre albedrío y algunos decidieron que les gustaría ser como Dios, estar libres de Dios, hacer lo que quisieran. El líder del grupo lo llamamos Satanás, el diablo. Sus seguidores los llamamos demonios. Debido a que se rebelaron contra Dios, les gusta que los humanos se rebelen contra Dios. Ellos nos influencian a hacer cosas impías que nos causan problemas que luego culpamos a Dios.

NO-TEÍSTAS CONVIRTIÉNDOSE EN TEÍSTAS Y VICEVERSA

Algunos ateos y agnósticos cambian sus creencias y abrazan la creencia en la existencia de algo responsable de nuestra presencia aquí; algo que podría llamarse dios. De igual manera, algunos teístas pierden la fe en Dios. En cuanto a mis razones para creer, estoy más interesado en el primero. Aunque las razones por las cuales las personas pierden la fe también son interesantes. A continuación, comparto un par de ejemplos de personas que rechazaron su ateísmo o agnosticismo. Luego menciono algunos ejemplos de cristianos que, como dicen, se desconvencieron. También comparto algo de información personal.

Primero, algunas personas que se convirtieron al teísmo. No todos los convertidos al teísmo se convierten también al cristianismo. Dentro del cristianismo, a menudo se habla de que un convertido al cristianismo se ha "salvado". Cada persona tiene sus propias razones y experiencia de conversión. El relato de la conversión personal se refiere a compartir el testimonio de uno. El testimonio de cada persona es, de alguna manera, único para esa persona y tan importante como cualquier otro. Los que menciono fueron seleccionados por el hecho de que la persona es conocida o tiene credenciales filosóficas o científicas. Lo hago porque parece común que muchos agnósticos/ateos den por sentado que la creencia en Dios está por debajo de cualquiera que tenga algo de sentido o inteligencia.

C. S. Lewis

Es posible que conozcas a C. S. Lewis como el autor de *Las crónicas de Narnia* o su trilogía de ciencia ficción *De la silenciosa planeta*, *Perelandra* y *Esa horrible fortaleza*. Fue miembro y tutor de Literatura Inglesa en la Universidad de Oxford y se desempeñó como presidente de Literatura Medieval y Renacentista en la Universidad de Cambridge. Rechazó el cristianismo en su adolescencia y vivió como ateo durante sus 20 años. Durante este tiempo, se consideraba principalmente un materialista, aunque también tenía un gran interés en lo oculto. En su libro *Surprised by Joy* (Sorprendido por el gozo), escribe: "Varios años antes de leer a Lucrecio, sentí la fuerza de su argumento (y es, sin duda, el más fuerte de todos) para el ateísmo: 'Si Dios hubiera diseñado el mundo, no sería un mundo tan frágil y defectuoso como el que vemos.' Puedes preguntarte cómo combinaba este pensamiento ateísta, este gran 'Argumento de la Desdicha', con mis fantasías ocultistas. No creo haber logrado ninguna conexión lógica entre ellos. Me influenciaban en diferentes estados de ánimo y tenían solo esto en común: ambos iban en contra del cristianismo. Y así, poco a poco, con fluctuaciones que ahora no puedo rastrear, me convertí en apóstata, dejando mi fe sin ningún sentido de pérdida, sino con el mayor alivio". (Lewis, 1955, 78-79).

Lewis se convirtió al teísmo a los 32 años. Un año o dos después, parcialmente por el estímulo a la apertura de dos amigos cristianos, uno de ellos J. R. R. Tolkien, se convirtió al cristianismo. Escribió más de treinta libros, muchos de ellos relacionados con temas de fe y filosofía cristiana.

Hugh Ross, Ph.D.

El Dr. Ross hizo estudios de pregrado en física en la Universidad de Columbia Británica, recibió su título de posgrado en astronomía en la Universidad de Toronto y realizó investigaciones postdoctorales en el Instituto de Tecnología de California. Al escribir sobre su camino hacia la fe, dijo: "Los descubrimientos en astronomía me alertaron sobre la existencia de Dios, y hasta el día de hoy, la profundidad insondable de la Biblia, su poder predictivo y su notable aplicabilidad a la vida siguen siendo razones principales de mi fe". [de *Mi historia: Dr. Hugh Ross*, en www.cru.org]

Lee Strobel

Lee recibió una maestría en Derecho de la Universidad de Yale. Fue periodista y editor legal en el *Chicago Tribune*. Su libro, *El Caso de Cristo*, trata principalmente sobre su conversión. La siguiente es su propia declaración tomada de washred.com, titulada *El testimonio de Lee Strobel: Un ateo investiga el cristianismo*. "La mayor parte de mi vida fui ateo. Pensaba que la idea de un creador del universo, todo amoroso y todopoderoso, me parecía estúpida. Quiero decir, mi formación es en periodismo y derecho. Soy una persona escéptica. Fui editor legal del *Chicago Tribune*. Así que necesitaba pruebas antes de creer en algo". Además, escribió lo siguiente:

"Un día mi esposa se acercó a mí—ella había sido agnóstica—y me dijo que después de un período de investigación espiritual había decidido convertirse en seguidora de Jesucristo. Y pensé, sabes, esta es la peor noticia que podría recibir. Pensé que se iba a convertir en una persona reprimida sexualmente, que pasaría todo su tiempo sirviendo a los pobres en algún lugar. Pensé que esto sería el fin de nuestro matrimonio.

Pero en los meses siguientes, vi cambios positivos en sus valores, en su carácter, en la forma en que se relacionaba conmigo y con los niños. Fue cautivador; y fue atractivo; y me hizo querer investigar. Así que fui a la iglesia un día, principalmente para ver si podía sacarla de este culto en el que se había involucrado".

"Pero escuché por primera vez el mensaje de Jesús de una manera que pude entenderlo. Que el perdón es un regalo gratuito, y que Jesucristo murió por nuestros pecados, para que podamos pasar la eternidad con Él. Y salí diciendo—todavía era ateo—pero también diciendo, 'Si esto es cierto, tiene enormes implicaciones para mi vida'. Así que utilicé mi formación en periodismo y derecho para comenzar una investigación sobre si había alguna credibilidad en el cristianismo o en cualquier otro sistema de fe del mundo.

Lo hice durante un año y nueve meses, hasta el 8 de noviembre de 1991, y ese día me di cuenta de que, a la luz de la avalancha de pruebas que apuntaban hacia la verdad del cristianismo, sería necesario más fe para mantener mi ateísmo que para convertirme en cristiano. Porque para ser ateo tendría que nadar contra corriente frente a esta avalancha de pruebas que apuntan hacia la verdad de Jesucristo. Y no podía hacerlo. Fui entrenado en periodismo y derecho para responder a la verdad. Y así, ese día recibí a Jesucristo como mi perdonador y líder".

Josh McDowell

Josh McDowell era un agnóstico que consideraba que el cristianismo no tenía valor. Después de estudiar las pruebas, se convirtió al cristianismo. Es autor de *Evidence that Demands a Verdict: Life Changing Truth for a Skeptical World* (Evidencia que Exige una Respuesta: La Verdad que Cambia la Vida para un Mundo Escéptico).

Francis Collins

El Dr. Francis Collins fue ateo durante gran parte de su vida. Tiene una licenciatura en química de la Universidad de Virginia, un Ph.D. en química física de Yale, y un M.D. de la Universidad de Carolina del Norte en Chapel Hill. Fue director del Instituto Nacional de Investigación del Genoma Humano y los Institutos Nacionales de Salud. Es autor de *The Language of God: A Scientist Presents Evidence for Belief* (El Lenguaje de Dios: Un Científico Presenta Pruebas para la Creencia).

William J. Murry

Bill Murry es hijo de la activista atea Madalyn Murray O'Hair. Estuvo listado como demandante en su demanda, que se convirtió en *Abington School District v. Schempp*, para eliminar la lectura obligatoria de la Biblia en las escuelas. Se convirtió al cristianismo a los 34 años. Después de eso, su madre dijo: "Se podría llamar aborto postnatal por parte de una madre, supongo; lo repudio completamente y totalmente, ahora y para siempre. Está más allá del perdón humano." Él escribió *My Life Without God* (Mi Vida Sin Dios) (Harvest House Publishers, 1982).

Allan Sandage

El Dr. Allan Sandage fue un astrónomo destacado del siglo XX. Obtuvo su licenciatura en la Universidad de Illinois y su Ph.D. en el Instituto de Tecnología de California. Se convirtió al cristianismo a los 57 años. Dijo: "No podía vivir una vida llena de cinismo. Elegí creer, y una paz mental vino sobre mí."

Antony Flew

Antony Flew fue ateo durante la mayor parte de su vida y fue un defensor del ateísmo. Uno de sus libros más influyentes fue *The Presumption of Atheism* (1976). Como resultado de seguir las pruebas, se convirtió en teísta (deísta) en 2004. Explica su cambio de posición en su libro *There is a God: How the world's most notorious atheist changed his mind* (Hay un Dios: Cómo el ateo más notorio del mundo cambió de opinión).

Mortimer J. Adler

Algunos de ustedes lo conocerán como el autor de *How to Read a Book* (Cómo Leer un Libro). Fue un prolífico autor. Disfruté de su *Aristóteles para Todos*, aunque debo admitir que fue muy difícil de leer para este "todos". Antes de aceptar el cristianismo, dijo que había "obstáculos morales, no intelectuales, para su conversión". Después de su conversión, declaró: "Mi principal razón para elegir el cristianismo fue porque los misterios eran incomprensibles. ¿Cuál es el punto de la revelación si pudiéramos entenderlo por nosotros mismos? Si fuera completamente comprensible, entonces sería solo otra filosofía."

Mark Farner

Debo mencionar a Mark, siendo un viejo fan de Grand Funk Railroad. Mark es uno de los que se apartó de la fe de su juventud durante años. Más tarde, regresó a la fe. Escuché cómo él relató, durante un concierto en 2017, cómo murió y vio el cielo. Su historia se cuenta en el libro *From Grand Funk to Grace: The Authorized Biography of Mark Farner* de Kristofer Englehardt.

Deconversiones del teísmo al no-teísmo. Ahora quiero compartir algunos ejemplos de teístas cristianos que se desconvencieron al ateísmo o agnosticismo. Parece que en muchos aspectos las razones por las que los no-teístas se convierten al teísmo son las mismas que las razones por las cuales los teístas se desconvencen, pero en sentido inverso. Para algunos, es una búsqueda de la verdad. Para otros, es debido a algo en la vida o en su vida que les gusta o no les gusta. Los siguientes ejemplos fueron tomados de allernet.com.

Teresa MacBain

Teresa fue ministra durante muchos años. Dijo: "No quería perder mi fe. No quería cambiar o dejar de creer, pero quería más la verdad".

Jerry DeWitt

Jerry nació en 1969 y fue pastor de dos iglesias evangélicas. Se desconvenció en 2011. Escribió *Hope After Faith* (Esperanza Después de la Fe). Dijo: "El escepticismo es mi naturaleza. El pensamiento libre es mi metodología. El agnosticismo es mi conclusión. El humanitarismo es mi motivación".

Anthony Pinn, Ph.D.

El Dr. Pinn comenzó a predicar a la edad de doce años. Obtuvo su Ph.D. en estudios religiosos de Harvard. En cuanto a sus creencias actuales, dijo: "Creo que los afroamericanos están peor debido a su lealtad al teísmo. La creencia en Dios y en los dioses no ha sido particularmente útil o productiva para ellos. Ha disminuido su apelación a su propia creatividad e ingenio, y en la mayoría de los casos ha resultado en una especie de comprensión extraña del sufrimiento como un marcador de cercanía a Dios y una señal de su favor divino. Nada bueno puede salir de eso".

Dan Burke

Dan fue predicador y músico cristiano. En 1984 anunció que era ateo. Dijo: "¿Qué tan feliz puedes ser cuando piensas que cada acción y pensamiento está siendo monitoreado por un fantasma crítico?"

Frank Schaeffer

Frank es el hijo de Francis Schaeffer, un conocido autor cristiano. Frank fue activo como orador y cineasta en círculos evangélicos en los primeros años de su vida. Lo menciono debido a la singularidad de su creencia profesada, que se presenta en su libro *Why I Am an Atheist Who Believes in God* (Por Qué Soy un Ateo Que Cree en Dios). Fue un teísta cristiano. Ahora no es cristiano, pero es un ateo y teísta al mismo tiempo. En sus propias palabras: "Hoy en día sostengo dos ideas acerca de Dios simultáneamente; él, ella o eso existe y él, ella o eso no existe. No oscilo entre estos opuestos; los abrazo." (Schaeffer, 2014, 13) No puedo hacer sentido de eso. Teísta y ateo son antitéticos. Me parece que decir que alguien es ambos es un oxímoron. Frank está satisfecho de llamarlo una paradoja. Supongo que es solo gracias a su comprensión de esta paradoja que puede hacer declaraciones como la siguiente.

"Tal vez necesitamos una nueva categoría, además del teísmo, ateísmo o agnosticismo, que tenga en cuenta la paradoja y lo desconocido. Creo que la vida evolucionó por selección natural. Creo que la psicología evolutiva explica el altruismo y desacredita el amor, y que la química cerebral socava mi ilusión de libre albedrío y de ser una persona. También creo que la realidad espiritual que se cierne sobre mí, en mí y a través de mí, me llama a amar, confiar y escuchar la voz de mi Creador." (Schaeffer 2014, 15)

"Mi cerebro no está lo suficientemente evolucionado para reconciliar la colisión de mi imperativo genético con la experiencia trascendente. Mi cerebro reconoce pero no puede explicar cómo el amor y la belleza se cruzan con la directiva principal de la evolución: sobrevivir. Tampoco puedo reconciliar estas ideas: 'Sé que lo único que existe es este universo material.' Y 'Sé que mi redentor vive.'" (Schaeffer 2014, 7)

"Los científicos han encontrado evidencia directa de la expansión del universo, un evento previamente teórico que ocurrió una fracción de segundo después del Big Bang, hace casi 14 mil millones de años. La pista está codificada en la radiación cósmica de fondo primitiva que sigue expandiéndose. Mi esperanza es que un billonésimo de segundo antes del Big Bang, la energía que anima el misterio de la materia creada de la nada era el amor." (Schaeffer 2014,139)

Bueno, parece que Frank pasó de ser un teísta cristiano a considerarse a sí mismo un ateo y teísta. ¿Cuál es entonces la respuesta a la pregunta en el título del libro de su padre, *How Should We Then Live* (¿Cómo debemos vivir entonces?)?

Yo fui un cristiano que se convirtió en un teísta débil; básicamente, me alejé de mi fe cristiana. Esto fue después de tres años en un seminario bíblico y años de servir en mi iglesia como patrocinador del grupo de jóvenes y diácono. Siempre hay razones por las cuales un cristiano duda o lucha con su fe. Comprender las mías fue parte de mi regreso a la fe. Tenía una especie de idea de que si viviera de cierta manera, Dios bendeciría una parte de mi vida. Esa parte de mi vida se derrumbó. Culpé a Dios. Me alejé de mi fe. Me consideraba un deísta cuasi-agnóstico. Como, probablemente haya un Dios, pero no tenemos mucho que ver el uno con el otro. Luego, mi hijo de 21 años murió. Eso no afectó dónde estaba en términos de mi fe. Pero la persona que originalmente me mentoreó en la fe apareció en el funeral. Habíamos perdido el contacto durante años. Me alegró verlo. Comencé a reflexionar profundamente y me di cuenta de que mi decepción con Dios y mi enojo hacia Él se basaban en expectativas erróneas. Y luego salía con mi esposa, quien me invitó a ir a la iglesia con ella. En general, mi fe ha sido restaurada.

Sabes que creo en el libre albedrío. Con nuestra mente y conciencia, somos capaces de tomar decisiones. Nuestras decisiones están basadas en información, con procesamiento de la información, experiencias y emociones. En cualquier momento, una decisión puede estar más influenciada por cualquiera de estos factores.

Algunos dirán que la única razón por la que crees esto o aquello es por las circunstancias de tu crianza: el país en el que naciste, la familia en la que naciste y las creencias de esa familia y tu cultura psicosocial. Creo que hay mucha verdad en eso, sin embargo, las personas cambian con la información y la experiencia, como se muestra en los ejemplos anteriores.

Fuera de un par de años en un seminario bíblico, mi formación académica es en psicología, principalmente psicología social. Recuerdo los estudios sobre cómo la gente común cambia en diferentes situaciones, como se presentó en *The Social Animal*. Puedo atestiguar el poder del entorno social, la presión de los compañeros y el comportamiento de unión a un grupo. Por razones que me ahorraré, estuve en una instalación de tratamiento residencial durante treinta días. Sé que las fuerzas psicosociales, incluida la presión de los compañeros para conformarse, pueden ser tremendas. Lo mismo ocurre con ciertos métodos de "lavado de cerebro". Sin embargo, por muy ciertos que sean, tales verdades no abarcan completamente el concepto de elección.

Durante años, luché con el concepto de cómo serías diferente si hubieras crecido de manera diferente. Ahora creo que, como se dijo, eso sería cierto, pero es un evento imposible. Si "yo" hubiera nacido de otros padres, en un país diferente, no sería yo. No soy un "yo" que podría haber nacido de padres aquí o allá. Algunos de ustedes pueden pensar que eran un alma esperando ser nacida o reencarnada, pero yo no creo que lo fuera.

De todos modos, es una elección. Tal vez no sea tanto una elección cuando somos más jóvenes. En algún momento nos damos cuenta de que es una elección. Vemos que las personas eligen ser ateas o teístas y que pueden elegir cambiar su elección. Mi punto es que, para mí, mi elección de creer en Dios es al menos tan razonable como elegir no creer en Dios.

LA TEOLOGÍA APOYA MI CREENCIA

Originalmente, iba a escribir lo que se contiene en lo siguiente sobre cómo el testimonio bíblico apoya mi creencia. Pero me doy cuenta de que tal vez no te relaciones con la Biblia de la manera en que yo lo hago. La Biblia no es necesaria para que yo sea teísta. Tampoco lo es la teología cristiana. Pero ambas, en mi comprensión, apoyan mi creencia en Dios.

¿Qué es la teología, en todo caso? Se describe como "el estudio de la naturaleza de Dios y de la creencia religiosa, las creencias religiosas cuando se desarrollan sistemáticamente". No podemos estudiar realmente la naturaleza de Dios. Estudiamos lo que filósofos y teólogos han escrito sobre la naturaleza de Dios. Es en gran parte un estudio de estudios, con tal vez alguna nueva perspectiva sobre este o aquel aspecto o cómo algunas cosas sí o no encajan. Puedo estar equivocado, pero no creo que haya muchas (o ninguna) clases universitarias como Teología 101. Podría haber una clase introductoria a la teología. Tal curso nos introduciría a los pensamientos sobre Dios o un ser supremo, por parte de filósofos clásicos, literatura hebrea/judía temprana, la Biblia, Buda, Mahoma, filosofías orientales, etc. Esto podría ser algo así como una clase de religiones comparadas.

Independientemente del énfasis, los estudios se basan en escritos y escritos sobre esos escritos. La teología cristiana, que se basa principalmente en la información contenida en la Biblia, en los escritos hebreos/judíos tempranos, los escritos de teólogos cristianos antiguos y contemporáneos y otros. De manera similar, otras religiones extraen su teología de los escritos de personas a las que veneran, incluidos profetas y líderes religiosos.

La teología cristiana, que se basa principalmente en la información contenida en la Biblia, tiene algunas suposiciones implícitas. Si hay un Dios que nos creó a nosotros, los seres humanos, tiene sentido que Él se revelara a nosotros. La Biblia es tanto un registro de esta revelación como una revelación en sí misma.

Diré un par de cosas al respecto y continuaré. Hay muchos libros académicos y, demasiados libros populares, que discuten la historicidad de la Biblia, la crítica literaria, la inerrancia, la infalibilidad, etc. que tienen que ver con la Biblia. Intento resumir los aspectos principales de esas cosas que suman razones por las que creo.

La Biblia no es un libro de historia. Por lo que puedo ver, lo más que se sabe, a partir de escritos contemporáneos y la arqueología, es que la Biblia es cada vez más precisa históricamente. La Biblia no es un texto científico. Pero lo más que se sabe, es que es más consistente con la ciencia conocida.

Lo principal que la Biblia y la teología cristiana me ayudan a entender tiene que ver con el concepto de pecado y su efecto en todo. Tal vez no creas en el pecado. Permíteme decir lo siguiente y reflexionar sobre ello filosóficamente.

Esto se basa en algunas suposiciones. Tal vez no las aceptes, pero yo las acepto, así que lo siguiente tiene sentido lógico para mí. Una suposición es que hay pecado, y al nivel más simple, el pecado es actuar de manera diferente a lo que Dios quiere. O intentar ser como Dios pensando que eres la fuente de tu moralidad. Algunos eruditos bíblicos han dicho que el pecado es fallar el objetivo. Como en jugar a los dardos, el objetivo es dar en el blanco. Yo diría que es más como crear tu propio objetivo, uno que no es el de Dios.

La mayoría de los teólogos cristianos siempre han sostenido que el pecado interrumpió la relación entre Dios y el hombre. También afectó todo lo creado. Una razón por la que el mundo está tan desordenado es por el pecado y el pecado continuo. Lo sé, suena como una excusa. Pero sigue esta línea de pensamiento. Una mujer sufrió la muerte porque alguien tomó la decisión de matarla. Eso podría reescribirse como: una mujer sufrió la muerte porque alguien eligió pecar al matarla. Bíblicamente, cosas como el odio y la codicia son pecaminosas. Si sumas eso al orgullo, los celos, los chismes, desear lo ajeno, la lujuria y guardar rencor, puedes ver cómo el pecado afecta la vida humana en general. Espero que entiendas la idea.

En el primer versículo del primer libro de la Biblia, dice que en el principio Dios creó el cielo y la tierra. En otro lugar, se escribe que Dios sostiene la creación. También se describe a Dios como un ser supremo, autónomo, inteligente y espiritual (en términos de tiempo y materia) que existe fuera del tiempo. Eso encaja con la necesidad de un creador.

Hay una pregunta sobre Dios, tanto teológica como filosófica, respecto a la naturaleza de Su carácter. Generalmente se formula de esta manera: si Dios es bueno por naturaleza, entonces no importa lo que Él haga, es bueno. Entonces, ¿no tenemos suerte de que Él sea bueno? Y si Él es bueno, ¿por qué existe el mal? La pregunta solo indirectamente cuestiona la existencia de Dios.

En el libro bíblico de Isaías, Yahvé (Dios) dice: "¡Ay de cualquiera que discuta con su Hacedor, un vaso de barro entre muchos! ¿Le dice el barro al alfarero: '¿Qué estás haciendo?'" (Isaías 45:19) Un pensamiento relacionado está implícito en esta declaración para los creyentes: "Crees en el único Dios, eso está bien, pero incluso los demonios tienen la misma fe, y tiemblan de miedo." (Santiago 2:19)

Finalmente, la Biblia es claramente directa acerca del pecado y nuestras vidas. Nos cuenta cómo Dios dirigió la muerte de personas. Sí, la vida es preciosa. Eso está claro a lo largo de las escrituras. Sin embargo, la vida no es lo supremo, lo más importante por encima de todo.

La Biblia es honesta acerca del bien y el mal. Y, es brutalmente honesta. Me gusta este versículo, que dice con respecto a los creyentes: "Si nuestra esperanza en Cristo ha sido solo para esta vida, somos los más dignos de compasión de todos los hombres." (1 Corintios 15:19)

PENSAMIENTOS ALEATORIOS SOBRE ALIENS, ESPÍRITUS Y EVOLUCIÓN

Honestamente, me divierte mucho todo el interés por los alienígenas o la vida extraterrestre inteligente. Dudo que existan formas de vida alienígena inteligente, al menos que alguna vez vayamos a estar en contacto con ellas. Pero no me hace ninguna diferencia de un modo u otro. Sí veo programas que presentan y discuten evidencia sobre los extraterrestres. Aunque algunas de ellas son interesantes, muchas son altamente especulativas y algunas parecen ser simplemente entretenimiento. Y, me gustan las películas de ET, Star Trek, Star Wars y cosas de ese género.

Creo que sí hay algunas cosas que se conocen como Objetos Voladores No Identificados, o OVNIs. Y, si no son objetos, Fenómenos Aéreos No Identificados (FANI). Después de todo, existe una agencia gubernamental que estudia esto. La Fuerza de Tareas de Fenómenos Aéreos No Identificados (UAPTF) opera como parte de la Oficina de Inteligencia Naval de los EE. UU. Sea lo que sea, podrían ser eventos naturales, algo militar o objetos alienígenas. Me parece interesante y un poco gracioso que haya un proyecto para contactar alienígenas, el proyecto SETI (Búsqueda de Inteligencia Extraterrestre). No sé cuál es el propósito de ese proyecto si ya hemos tenido contacto y ellos están aquí. También existe un proyecto que trabaja en qué hacer cuando tengamos el primer contacto. Este es el SETI Post-Detection Hub en la Universidad de St. Andrews en Escocia. Tampoco entiendo la existencia de eso si ya hemos tenido contacto y ellos están entre nosotros. Algunas personas dicen que han visto alienígenas, otras dicen que han sido abducidas, otras dicen que han estado en el Área 51 y allí había alienígenas. No puedo decir que están equivocados. No creo que haya suficiente evidencia para decir que están en lo cierto. Soy escéptico.

Hay una ecuación a la que muchos se refieren para estimar el número de civilizaciones detectables en la Vía Láctea. Utiliza 7 variables (y se necesitan más). Las variables se relacionan con las condiciones del planeta, como temperatura, rocosidad, estrellas similares al sol, etc. La Ecuación de Drake indica que podría haber muchas en la Vía Láctea. La más cercana está a unas 20 años luz de distancia. Nadia Drake trabajó con su padre en la ecuación. Ella dijo: "Pero resolver esas últimas variables en la Ecuación de Drake, las que nos dirán si la Tierra es el hogar de los únicos organismos tecnológicamente habilidosos de la galaxia, será un misterio hasta que, como dice mi padre, hayamos escuchado los murmullos de los mundos alienígenas." (naturalgeograpic.com/science/2020/10…)

Para cuando leas esto, seguramente habrá más avistamientos y teorías sobre estas cosas y el gobierno podría haber emitido un informe sobre ello. Lo más interesante que he encontrado recientemente es que, fuera de maniobrar de maneras que no podemos replicar tecnológicamente, lo que sea que fuera parecía viajar más rápido que la velocidad del sonido sin romper la barrera del sonido. Se dice que no tenemos ni idea de cómo podría hacerse eso. Los alienígenas son una respuesta plausible.

Aún así, no entiendo el deseo de descubrir o ser descubierto por alienígenas para probar que no estamos solos en el universo. ¿De verdad? Eres uno entre todos los otros humanos en el planeta, y saber que existen alienígenas te hará sentir que no estás solo?

Si hay alienígenas, parece obvio que ellos nos descubrirían antes de que nosotros los descubramos. Tal vez no, si fueran menos inteligentes o tecnológicamente avanzados que nosotros. Si los alienígenas ya nos han visitado, evidentemente son más avanzados tecnológicamente y más inteligentes que los humanos. Un comentarista dijo que necesitamos saber quiénes son y cuál es su intención. Eso es gracioso. Si son alienígenas, ¿no crees que podrían contactarnos si quisieran?

Sin embargo, hay algo de emoción en identificar que el planeta habitable más cercano puede estar solo a 20 años luz de distancia. Eso es cerca en términos astronómicos. Se dice que el universo observable tiene 93 mil millones de años luz de diámetro, y está en expansión. Pero, es bueno mantener las cosas en perspectiva.

Un año luz es aproximadamente 5.9 billones de millas. Veinte años luz son alrededor de 118 billones de millas. La última vez que escuché, podemos viajar a 450,000 millas por hora en el espacio. Si mi cálculo es correcto, a 500,000 millas por hora, tomaría más de veintiséis mil años llegar allí. Y, dado que las ondas de radio viajan a la velocidad de la luz, tomaría 20 años recibir comunicación. No digo que eso sea posible en algún momento, pero definitivamente no será mañana.

Tal vez existan agujeros de gusano. Su existencia sigue siendo mayormente teórica. Pero si existen, también es teórico que sean algo que se pueda navegar. Es decir, tener naves espaciales que puedan hacerlo y tener suficiente conocimiento para controlar a dónde se va. Podría suceder, pero tampoco será mañana. Recientemente leí que la velocidad de curvatura podría ser posible. Ir más rápido que la velocidad de la luz. Requeriría la curvatura del espacio-tiempo y energía negativa, de la cual no tenemos idea de cómo hacerla. Y, podría necesitar más energía negativa de la que hay en el universo. La idea más nueva es crear una burbuja en el espacio-tiempo que "viaje" de una manera como las partículas cuánticas. Lo que significa que la burbuja iría donde va. Ni siquiera hay ninguna idea teórica que conozca sobre cómo controlar tu "vuelo." Estas ideas están basadas en matemáticas astrofísicas teóricas. Tal vez sea posible. Pero no hay ciencia, al menos de ninguna significancia, que diga que esto siquiera sería posible. Pensar que sí lo es es una creencia en la ciencia. Está bien. Yo también tengo algo de fe en que la ciencia pueda lograr muchas cosas. Como, por ejemplo, curar el resfriado común y luego el cáncer y luego...

Si los alienígenas ya han estado aquí, son indiscutiblemente de tecnología e inteligencia superiores a los terrícolas. Algunos dicen que crearon a los humanos. Otros dicen que vinieron a ayudar a los humanos. Si cualquiera de esas cosas es cierta, no responde a la pregunta de dónde entonces vinieron los alienígenas. Si vinieron a ayudarnos, no parece que sean tan inteligentes después de todo. He imaginado un escenario en el que los humanos y los alienígenas se comunican. Los humanos le preguntan a los alienígenas sobre la existencia del universo. Los alienígenas responden que algunos de sus científicos piensan que surgió de la nada y otros creen que es la creación de una entidad autónoma e inteligente. ¡Eso sería un buen chiste!

Creo que el universo y todo lo que fue hecho fue hecho para la existencia de nosotros, los seres humanos. Si también fue hecho para otros como los alienígenas, entonces lo fue. Creo que hay suficiente espacio. Pero creo que estamos solos, excepto entre nosotros (y tal vez solos con los alienígenas) y nuestro creador.

En el libro *Improbable Planet*, Ross presenta varias razones por las cuales la Tierra y su ubicación en nuestra galaxia están equipadas de manera única para proporcionar vida. Estas razones están más allá de mi comprensión. Básicamente, hay condiciones necesarias para la existencia de ciertos elementos en ciertas proporciones y no en otras, debe ser una galaxia espiral, las cosas deben tener el tamaño adecuado, no debe haber supergalaxias en la familia más grande de galaxias, debe haber un número suficiente pero no demasiadas galaxias enanas, etc. Después de presentar estas condiciones, él afirma lo siguiente:

"Las observaciones y exploraciones proporcionan un marco dentro del cual podemos considerar las implicaciones de tal asombroso entrelazamiento de coincidencias. Aunque tenemos mucho que aprender y entender, ha surgido una clara sugerencia de intencionalidad y propósito. Como escribió el físico Freeman Dyson en su libro *Disturbing the Universe*, 'Cuanto más examino el universo y estudio los detalles de su arquitectura, más evidencia encuentro de que el universo, de alguna manera, debió haber sabido que estábamos por llegar.'" (Ross 2016, 42)

En cuanto a la inteligencia extraterrestre, Hawking escribió lo siguiente: "Tal vez la inteligencia fue un desarrollo poco probable para la vida en la Tierra, dado el cronograma de la evolución, ya que llevó mucho tiempo —dos mil quinientos millones de años— pasar de las células individuales a los seres multicelulares. Lo cual es un precursor necesario de la inteligencia. Esta es una buena fracción del tiempo total disponible antes de que el sol explote, por lo que sería coherente con la hipótesis de que la probabilidad de que la vida desarrolle inteligencia es baja. En este caso, podríamos esperar encontrar muchas otras formas de vida en la galaxia, pero es poco probable que encontremos vida inteligente." (Hawking 2018, 84)

John Gibben, quien escribió todo un libro sobre la idea de que los humanos estamos solos en este universo, escribió lo siguiente: "Las razones por las cuales estamos aquí forman una cadena tan improbable que la probabilidad de que exista otra civilización tecnológica en la Galaxia Vía Láctea en este momento es extremadamente pequeña. Estamos solos, y más vale que nos acostumbremos a esa idea." (Gibben 2011, 105)

Y finalmente, un pensamiento algo humorístico con el que puedo medio identificarme de Hawking: "Encontrarse con una civilización más avanzada, en nuestra época, podría ser un poco como lo que les ocurrió a los habitantes originales de América al encontrarse con Colón, y no creo que hayan pensado que les fue mejor por ello." (Hawking 2018, 86)

Aquí hay un pensamiento diferente que he encontrado recientemente. La idea es que Dios, quien creó muchos seres espirituales, creó "dioses". Estos dioses fueron puestos a cargo de diferentes partes de la Tierra con ciertos poderes espirituales. Al igual que los ángeles, algunos, si no todos, abusaron de su poder al querer ser como Dios. Se interpusieron en la vida humana para recibir alabanza para sí mismos en lugar de servir a Dios y darle a Él la gloria. En este sentido, los dioses humanos (como Zeus) podrían haber sido dioses. [Atención al uso de mayúsculas y minúsculas en Dios o dioses aquí.] Por lo tanto, Dios está por encima de todos los dioses. Solo hay un Dios, que creó todo lo demás que existe. La idea aquí es que Dios creó seres divinos que podríamos llamar (con minúscula) dioses.

En el libro de Job, se presenta una serie de preguntas que Dios le hace a Job. Dios le hace muchas preguntas que ilustran retóricamente cómo Job no tiene ningún derecho ni justificación para cuestionar a Dios. Dios habla sobre la creación de la Tierra. Una de las preguntas es la siguiente: "¿Quién echó su base, mientras las estrellas matutinas cantaban juntas y se regocijaban los hijos de Dios?" (Job 38:6-7) Estos "hijos de Dios" estuvieron presentes con Dios mientras Él creaba la Tierra. Estos "dioses" podrían haber sido responsables de las cosas que los teóricos de los alienígenas antiguos mencionan. Me parece interesante, pero no tengo ninguna opinión al respecto. (Si tienes interés en estos pensamientos, te recomiendo dos libros de Michael S. Heiser: *Supernatural* y *The Unseen Realm*)

La evolución a menudo se ofrece como evidencia de que no hay un Dios. Se sugiere que, dado que existe la evolución, no es necesario un Dios. Podría ser un argumento de que un dios no es necesario para la creación de la vida o de las personas. Sin embargo, hay evidencia de que una entidad externa, inteligente y autónoma puede ser o es necesaria para la creación del universo. En ese sentido, la evolución no tiene nada que ver con si existe o no un dios.

He luchado por tratar de reconciliar la evolución con mis creencias judeocristianas. Desearía tener una mejor comprensión, pero estoy contento con mis pensamientos sobre esto por el momento. Es obvio que las cosas evolucionan, lo que significa que cambian. De alguna manera, no importa cuán poco, la mayoría de las cosas cambian. Según lo que sé, los elementos básicos no cambian ni evolucionan. No parece haber una variante de oxígeno. El oxígeno no evoluciona.

Mi entendimiento actual no es que Dios haya creado a Adán y Eva de un solo golpe. Aunque creo que Él podría haberlo hecho. Hay muchos escritos académicos que tratan sobre el tema de la creación/ evolución. Las principales preguntas que he tenido son sobre la creación de cada bestia según su especie y el asunto de Adán y Eva. Pero todo eso no tiene nada que ver con creer en Dios. Se trata de la teología relacionada con cómo Dios hizo todas esas cosas. Los principales problemas surgen con los esfuerzos por reconciliar el relato bíblico con la ciencia. Hay muchas ideas y yo tengo las mías. Creo que, de una forma u otra, Dios creó todo, incluyéndonos a nosotros.

Hago un poco de estudio en esta área de vez en cuando. Una idea que me interesa tiene que ver con la palabra "día" en el relato bíblico de la creación. Según algunos estudiosos hebreos, eso no necesariamente se refiere a un período de 24 horas. Puede referirse a un período de tiempo. Del mismo modo, el número de horas entre la noche y el día podría haber sido mucho diferente en los primeros días de la creación. Y, el relato de la creación podría ser una historia. En términos literarios, esto significa que el material no es completamente hecho de hechos (como hechos científicos), ni es ficción. Es una forma de transmitir información sobre algo que ocurrió. No tengo problema en pensar que Dios creó la materia del universo y luego usó esa materia para hacer todo lo que existe en el universo. Eso incluiría intervenir en los procesos evolutivos para producir seres humanos hechos a Su imagen. Tal vez eso sea todo lo que era necesario. No creo que sea un salto para nadie que crea que Dios interviene a causa de la oración o por Su propia voluntad. Me parece complicado. No creo que esto impida que exista un Adán y Eva históricos. En algún momento, Dios pudo haber estado complacido con la creación de un ser llamado Adán. Y luego, de alguna manera, de él Dios creó a Eva. Estoy bien con pensar que Dios usó los mismos materiales que usó con Adán o que hizo a Eva de una costilla de Adán o que eso sea una historia para compartir lo que Dios ha hecho.

Creo que los humanos, siendo hechos a imagen de Dios, son diferentes de otras formas de vida en el universo. Los teólogos y filósofos han reflexionado sobre este tema durante mucho tiempo y han escrito más de lo que podría leer en mi vida. Aquí está mi breve perspectiva sobre estas consideraciones. Creo que Dios dio vida a los seres vivos. Creo que hay algo más que uno podría llamar un alma. Y, el alma se da a los humanos, y junto con nuestra naturaleza espiritual, conforma nuestro ser a imagen de Dios. Hay pensamientos filosóficos y teológicos que clasifican las cosas como materia inanimada, seres vivos, seres con alma y humanos hechos a imagen de Dios.

Por eso podemos pisar un gusano y sentir poca o ninguna remordimiento. Si atropellamos un gato con el coche, podemos sentir tristeza. La idea es que un gusano está vivo, pero no es un ser con alma. Podemos interactuar de alguna manera con el gato, igual que con un perro y otros seres. Aun así, podemos comer un perro o un gato. O una vaca. Un ser con alma no es un ser humano. Sin embargo, la Biblia es clara en que nosotros, los humanos, debemos cuidar la Tierra y no abusar de otros seres vivos. Si estuviera en una de esas películas donde otros han muerto y yo estuviera muriendo de hambre, creo que podría comerlos. No los mataría para comerlos.

Mis antepasados nativos americanos y algunos contemporáneos podrían decir algo como "camina suavemente sobre la hierba, todos estamos relacionados." Al menos en cierto sentido, creo que eso es cierto. Alguien podría matar un ciervo para comerlo y usar su piel. Sin embargo, daría gracias al gran espíritu y al espíritu del ciervo por esas provisiones. Y eso tiene sentido para mí. Algunos líderes espirituales dan gracias por cada sorbo de agua. Yo no soy tan espiritual, pero eso también tiene sentido para mí.

Creo en los espíritus. Después de todo, Dios es espíritu. Creo que nosotros también lo somos. Creo que Dios hizo muchos seres espirituales. El más comúnmente pensado es el de los ángeles. Mencioné mi creencia de que algunos ángeles se rebelaron contra Dios y fueron expulsados del cielo. El líder fue Lucifer, ahora conocido como Satanás. Él y sus seguidores los llamamos demonios. La existencia de demonios, si crees en ellos, es evidencia de Dios. La palabra "ángel" proviene del griego, que significa un mensajero. Los ángeles hablan por Dios. Los demonios hablan por el diablo. Si crees en uno, no sé cómo no creerías también en el otro.

Hablando de espíritus, hay personas que buscan hablar con los muertos. Obviamente, ellos creen que hay vida después de la muerte. Lo que significa que creen que somos más que solo materia. ¿Cómo es que somos seres que tienen vida después de nuestra muerte? Tal vez debido al Dios que nos creó para relacionarse con nosotros. No dudo que eso pueda hacerse. Debo decir que no creo que sea algo que uno deba buscar hacer. Se dice que no se debe hacer en la Biblia. Creo que la principal razón es que en nuestro estado actual, al menos la mayoría de nosotros, no podemos discernir entre el espíritu de un miembro muerto de la familia y el de un demonio imitador. Simplemente no somos lo suficientemente inteligentes o espirituales.

Creo que hay muchas cosas que no entendemos acerca de la realidad espiritual, e incluso natural, en la que existimos. Es una especie de creencia pensar que la ciencia eventualmente proporcionará una comprensión de todo. Podrías decir que la evidencia es en realidad lo opuesto. Cuanto más sabemos, más sabemos cuánto no sabemos. Un ejemplo simple: pensábamos que había tres estados de la materia: sólido, líquido y gas. Luego, apareció el plasma. Y ahora, tal vez el *swirlon*. Bueno, por más inteligentes que nos guste pensar que somos, los científicos están trabajando para resolver o descubrir cien cosas más antes de ir tras otras mil o más.

CREO EN DIOS EL PADRE, EL HIJO Y EL ESPÍRITU SANTO

Si no has creído en Dios, espero que consideres razones para hacerlo. Si crees en Dios, espero que consideres que Su interacción y revelación nos son dadas en la Biblia. Y en la Biblia podrías encontrar que Jesús es el hijo de Dios, quien es Dios con el padre y el Espíritu Santo, en quienes creo y, por lo tanto, estamos salvos para vivir con Dios por siempre.

Creo en Dios, el Padre, el Hijo y el Espíritu Santo. No puedo comprender lo que se llama la Trinidad. Creo en lo que está registrado para nosotros en la Biblia. La Navidad es sobre Cristo. Jesús de Nazaret. Solo conozco estas cosas por medio de la Santa Biblia. Creo que la Biblia es una forma en que Dios se revela a nosotros hoy en día mediante un registro de cómo Él se reveló a las personas en el pasado. Es una forma, al igual que la revelación natural (belleza, ciencia, etc.) y la filosofía.

Sé que hay preguntas sobre lo que es histórico, sobre esto y aquello, sobre cronologías y demás. No voy a entrar en todos esos detalles. Voy a decir que, con todo lo que sé y he estudiado, todavía tengo tantas razones (si no más) para creer en el Dios cristiano que para no hacerlo. Puede que no estés de acuerdo, respeto eso. Si estás interesado, puedes estudiar más por ti mismo. Hay toneladas de libros sobre estos temas. No soy un experto. Creo que estoy abierto y examinaré cualquier cosa nueva que desafíe mi creencia. Nadie puede examinarlo todo, ¿verdad?

Creo que hay un Dios. Creo que Dios creó todo lo que existe. Eso me incluye a mí y a ti. No es necesario, pero tiene sentido que si Dios creó a las personas, Él puede interactuar con ellas. Creo que aprendemos mucho sobre eso en el Antiguo Testamento. Aprendemos más en el Nuevo Testamento. Como resultado de todo lo que sé, sigo creyendo en Dios el Padre, el Hijo y el Espíritu Santo. Entre todos los que dijeron ser profetas y demás, fuera de los obviamente locos, solo Jesús dijo ser el hijo de Dios y, por otras declaraciones, reclamando ser Dios. Creo en su realidad histórica, su crucifixión y resurrección. [Una presentación técnica puede encontrarse en Goothuis, Capítulo 19, Jesús de Nazaret: Cómo los historiadores pueden conocerlo y por qué importa.]

Creo que hay muchas profecías en el Antiguo Testamento que hablaban del nacimiento virginal y de Emmanuel (Dios con nosotros). Creo que los primeros discípulos de Jesús sufrieron muertes dolorosas a manos de los anticristianos. Sé que personas de otras religiones también lo han hecho. Creo que la teología bíblica del pecado explica la mayoría o todos nuestros problemas. Dios es mi creador y Él cuida de mí. Él me da instrucciones. ¿Alguno de ustedes, padres, no ha oído alguna vez a su hijo decirle: "¡Tú no eres el jefe de mí!"? Dios no es nuestro jefe y no somos el jefe de nuestros hijos. La instrucción que damos es para su bien porque los amamos. Dios es nuestro creador y nos da instrucciones para nuestro bien y salvación. Hubo escritores contemporáneos a los escritores del Nuevo Testamento. Hasta donde sé, no hubo ninguno que desafiara los escritos sobre la crucifixión y resurrección de Jesús.

C.S. Lewis escribió lo siguiente: "Un hombre que solo fuera un hombre y dijera las cosas que dijo Jesús no sería un gran maestro moral. Sería un lunático, al mismo nivel que el hombre que dice que es un huevo escalfado, o sería el Diablo del Infierno. Debes tomar tu decisión. O este hombre fue, y es, el Hijo de Dios; o un loco o algo peor. Puedes tratarlo como a un tonto, puedes escupirle y matarlo como a un demonio; o puedes postrarte ante Él y llamarlo Señor y

Dios. Pero no vengamos con tonterías paternalistas sobre Él siendo un gran maestro humano. Él no nos dejó esa opción. No lo hizo con esa intención." (Lewis, 1970, 289)

Los cristianos se han equivocado de muchas maneras. (Y también las personas de otras religiones.) Eso me entristece. Sin embargo, también han sido una fuente de bien. Mucho del bien caritativo proviene de los cristianos.

No me disculpo por lo que estoy a punto de decir. Si entiendes la fe judeocristiana histórica, entiendes que nadie viene al Padre sino a través del Hijo. No hay muchas maneras de ser salvo. Hay un solo Dios. Puede que creas diferente; sé que la mayoría lo hace. Haz una comparación honesta de cualquier creencia con el cristianismo. Si buscas la verdad, creo que encontrarás que no son compatibles como diferentes maneras de ser salvo y estar con Dios.

Hay muchos libros populares sobre cómo hay muchas maneras de llegar a Dios. Es interesante, sin embargo, que la definición de "Dios" no sea el Dios judeocristiano. Así que todo eso no pasa de la línea de salida.

Un ejemplo es un libro popular de Thich Nhat Hanh, *Living Buddha, Living Christ*. En el libro se dice: "Naces en tu tradición, y naturalmente te conviertes en budista o cristiano. El budismo o el cristianismo son parte de tu cultura y civilización. Estás familiarizado con tu cultura y aprecias las cosas buenas en ella. Puede que no seas consciente de que en otras culturas y civilizaciones existen valores a los que las personas se aferran. Si eres lo suficientemente abierto, entenderás que tu tradición no contiene todas las verdades y valores. Es fácil caer en la idea de que la salvación no es posible fuera de tu tradición. Una práctica profunda y correcta de tu tradición puede liberarte de esa creencia peligrosa."

Perdón, pero la idea budista de la salvación no es igual a la cristiana. Y me interesa por qué mi creencia es una peligrosa. Tal vez una práctica profunda y correcta de tu tradición pueda llevarte a Jesús.

¿No podemos ser amigos con personas con las que no estamos de acuerdo sobre lo que consideramos lo más importante en la vida? Por supuesto que podemos. Compartimos. Elegimos y ellos también. Que todos oremos y que Dios tenga misericordia de todos nosotros.

Creo que hay un Dios. Creo que Dios creó todo lo que existe. Eso me incluye a mí y a ti. No es necesario, pero tiene sentido que si Dios creó a las personas, Él pueda interactuar con ellas. Creo que hay un Dios. Creo que Dios creó todo lo que existe. Eso me incluye a mí y a ti. No es necesario, pero tiene sentido que si Dios creó a las personas, Él pueda interactuar con ellas. Creo que aprendemos mucho sobre eso en el Antiguo Testamento. Aprendemos más en el Nuevo Testamento. Como resultado de todo lo que sé, sigo creyendo en Dios el Padre, el Hijo y el Espíritu Santo. Entre todos los que dijeron ser profetas y demás, fuera de los obviamente locos, solo Jesús dijo ser el hijo de Dios y, por otras declaraciones, reclamando ser Dios. Creo en su realidad histórica, su crucifixión y resurrección.

Los cristianos se han equivocado de muchas maneras. (Y también las personas de otras religiones.) Eso me entristece. Sin embargo, también han sido una fuente de bien. Mucho del bien caritativo proviene de los cristianos.

COMENTARIOS FINALES

En conclusión, creo que hay muchas razones para creer en Dios. Creo que la creencia en Dios es plausible y tiene tanto sentido científica como filosóficamente, tanto como no creer en Él. Sé que mis razones son debatibles y es posible que no estés de acuerdo. Creo que, al final, es una cuestión de elección y fe basada en evidencia.

Me pregunto, ¿cómo puede haber un Dios? Mi respuesta siempre es otra pregunta, ¿cómo puede no haberlo? Creo que algo autónomo, inteligente y externo (fuera y, a la vez, dentro) de nuestro tiempo (lo cual creo que es el Dios de la Biblia) es o necesario o, al menos, una posible explicación para las complejidades del mundo material y la existencia de las realidades metafísicas.

Personalmente, no puedo manejar o enfrentar la idea de que haya un Dios que también haya sido como lo he expresado en este libro. Me duele. No puedo reflexionar sobre ello. Es intelectualmente, como podría decirse, doloroso hasta la muerte. Sin embargo, no me sentiría diferente si estuviera luchando con cómo la materia simplemente pudiera existir. Si te identificas, sabes que existencialmente te desgarraría las entrañas.

Después de haber sido anfitrión de un programa de radio durante más de diez años, que reunió a ateos prominentes y cristianos para discutir varios temas, Justin Brierley escribió un libro sobre por qué sigue siendo cristiano. Parte de su razón la expresa de la siguiente manera: "El caso de Dios es uno acumulativo que va mucho más allá de la ciencia sola... Pero, en el balance de todo lo que veo hasta ahora, no puedo reconciliarme con la creencia de que la humanidad es simplemente el subproducto accidental de un universo sin dirección ni propósito que vino de la nada y va hacia el olvido. Tampoco puedo escapar de la convicción de que el orden, la elegancia y la majestuosidad del universo y nuestra existencia dentro de él están clamando por una explicación más allá de sí mismos. El ateísmo no puede dar cuenta de un mundo así. Por eso, Dios es la mejor explicación para la existencia humana." (Brierley, 2017, 50)

No creo que la materia haya existido siempre o haya surgido de la nada. Creo que Dios creó el universo y lo sustenta (lo mantiene unido). Dentro de ese entendimiento, parece que eventualmente las cosas se desmoronarán en algún momento en el lejano futuro. Creo que Dios regresará algún día para redimir la creación. Hay muchas interpretaciones sobre lo que eso podría significar. Lo que eso podría significar no me importa, creo que sucederá.

No creo que todas las funciones y interacciones increíblemente complejas y las cosas necesarias para la existencia y el funcionamiento sean el resultado de un accidente o de suerte. Creo que hay una fuerte evidencia de diseño y que Dios es el diseñador.

No creo que la conciencia, la inteligencia o el libre albedrío hayan surgido de materia no viva ni no consciente. Creo que la vida misma, y estas cosas, fueron impartidas por Dios.

No creo que el concepto de moralidad o los sentimientos de las emociones provengan de la materia. Creo que Dios es la fuente de la verdad absoluta y, por lo tanto, de lo correcto y lo incorrecto. También creo que Dios es el único que está completamente lleno de justicia y rectitud, así como de misericordia y perdón.

No creo que solo porque exista el dolor, o que las personas hayan hecho el mal, incluso en nombre de la religión, eso sea evidencia de que Dios no existe. También es cierto que se hace mucho bien por parte de los creyentes. Creo que estas cosas tienen sentido lógico a la luz de la teología judeocristiana.

También están nuestras experiencias personales. Esto, obviamente, es muy subjetivo. Soy cauteloso al tratar con este tema. Es otro de esos asuntos complicados. Sabemos que hay ocasiones en que alguien mata a otras personas porque cree que Dios se lo dijo. Escuché a un hombre decir que compró rosas amarillas porque Dios le dijo que eran el color favorito de la chica. No soy quien para juzgar tales cosas. Pero todos tienen sus propias experiencias. Yo puedo compartir lo que pienso de las tuyas, pero más allá de eso, está fuera de mi alcance, como dicen.

Personalmente, nunca he estado completamente satisfecho con ninguna explicación de lo que significa tener una relación personal con Dios. Tal vez sea difícil de describir. Es como si Dios me hablara, pero en realidad no lo hace. Tal vez lo haga, ¿algunas veces de alguna forma? No lo sé. Sin embargo, hay algo que se llama relación. Simplemente no entiendo lo que la gente quiere decir cuando lo dice. Personalmente, oro y doy gracias. A menudo he reflexionado sobre la canción que tiene una letra que dice algo como ir al jardín mientras el rocío sigue sobre las rosas. Y él camina conmigo, habla conmigo y me dice que soy suyo. Y la alegría que compartimos al quedarnos allí nadie más la ha conocido. Eso es impresionante. Pero solo puedo desear poder relacionarme con eso. Creo que es algo diferente para cada uno de nosotros en distintos momentos.

Esto no se trata de una relación, sino de una experiencia. Es una de esas que siempre recuerdo. A mediados de los 70, estaba con dos hermanos cristianos en un parque. Conocimos a una chica de nuestra edad y comenzamos a hablar/coquetear con ella. Nos dijo que era bruja. Ninguno de nosotros mencionó que éramos cristianos. Ella dijo: "Ustedes son cristianos, debo irme." Y se fue.

Cuando mi hijo murió, salí afuera y abracé un árbol. Oré tan sinceramente como siempre, pidiendo que Dios me tomara a mí y dejara que él viviera. Era serio y creía que eso podría haber sucedido. No pasó. Oro por cosas en mi vida y por los demás, y creo que hace la diferencia y espero que lo haga. No estoy loco en cuanto a esto. La única persona que dice que Dios le dio los números de la lotería fue la ganadora.

Permítanme citar a Brierley una vez más, ya que lo expresa mejor de lo que yo podría: "A lo largo del viaje, mi disputa no ha sido con los ateos, sino con el ateísmo. Después de haberlo examinado desde varios ángulos, no he podido reconciliarlo con el mundo en el que me encuentro. Es un mundo que es tanto mecánico como mágico, hermoso pero roto, impulsado por leyes naturales, pero que está lleno, justo debajo de la superficie, de la presencia de algo completamente sobrenatural. Al final, el cristianismo sigue teniendo más sentido de la vida, el universo y todo lo demás." (Brierley, 2017, 205-206)

"Solo la fe puede garantizar las bendiciones que esperamos o probar la existencia de realidades que son invisibles... Es por la fe que entendemos que los siglos fueron creados por una palabra de Dios, de modo que lo invisible dio lugar al mundo visible." (Hebreos 11:1-3)

Si no has creído en Dios, espero que consideres razones para hacerlo. Si crees en Dios, espero que consideres que Su interacción y revelación nos es dada a través de la Biblia. Y en la Biblia podrías encontrar que Jesús es el hijo de Dios, quien es Dios con el Padre y el Espíritu Santo, en quien creo y por lo tanto soy salvado para vivir con Dios por siempre.

Creo en Dios, el Padre, el Hijo y el Espíritu Santo. No puedo comprender lo que se llama la Trinidad. Creo en lo que se nos ha registrado en la Biblia. La Navidad se trata de Cristo. Jesús de Nazaret. Solo sé de estas cosas a través de la Santa Biblia. Creo que la Biblia es una de las formas en que Dios se revela a nosotros hoy, por medio de un registro de cómo Él se reveló a las personas en el pasado. Es una forma, al igual que la revelación natural (belleza, ciencia, etc.) y la filosofía. Hay una historia sólida sobre parte de esto.

Sé que hay preguntas sobre lo que es histórico y sobre esto y aquello, y líneas de tiempo y cosas similares. No voy a entrar en esos detalles. Voy a decir que, con todo lo que sé y he estudiado, aún tengo tantas (si no más) razones para creer en el Dios cristiano que para no hacerlo. Tal vez no estés de acuerdo, lo respeto. Si te interesa, puedes estudiar más por ti mismo. Hay una multitud de tomos sobre estos temas. No soy un experto. Creo que soy abierto y examinaré cualquier cosa nueva que desafíe mi creencia. Nadie puede examinarlo todo, ¿verdad?

Creo que hay un Dios. Creo que Dios creó todo lo que es. Eso me incluye a mí y a ti. No es necesario, pero tiene sentido que, si Dios creó a las personas, Él puede interactuar con ellas. Creo que aprendemos mucho de eso en el Antiguo Testamento. Aprendemos más en el Nuevo Testamento. Como resultado de todo lo que sé, continúo creyendo en Dios el Padre, el Hijo y el Espíritu Santo. Entre todos los que se han proclamado profetas y demás, fuera de los obviamente locos, solo Jesús afirmó ser el hijo de Dios y, por otras declaraciones, también afirmó ser Dios. Creo en su realidad histórica, su crucifixión y resurrección.

Creo que hay muchas profecías en el Antiguo Testamento que anunciaron el nacimiento virginal y Emanuel (Dios con nosotros). Creo que los primeros discípulos de Jesús sufrieron muertes dolorosas a manos de los anti-cristianos. Sé que personas de otras religiones también lo han hecho. Creo que la teología bíblica del pecado explica muchos de nuestros problemas. Dios es mi creador y Él se preocupa por mí. Me da instrucciones. ¿Acaso alguno de ustedes, como padres, no ha oído alguna vez a su hijo decir: Tú no eres el jefe de mí? Dios no es nuestro jefe y nosotros no somos el jefe de nuestros hijos. Las instrucciones que damos son para su bien, porque los amamos. Las instrucciones que Dios nos da son porque Él nos ama. Hubo escritores contemporáneos con los escritores del Nuevo Testamento. Hasta donde sé, no hubo ninguno que desafiara los escritos sobre la crucifixión y resurrección de Jesús.

Los cristianos se han equivocado de muchas maneras. (Y también lo han hecho otras religiones). Eso me entristece. Sin embargo, los cristianos también han sido fuente de bien. Gran parte de la bondad caritativa proviene de los cristianos.

Todo lo que he escrito aquí expresa las razones por las cuales creo en Dios. Espero que lo hayas encontrado interesante y tal vez un aliento para considerar la creencia en Dios. Y espero que tengas una Feliz Navidad.

APOLOGETICS NO SIGNIFICA PEDIR PERDÓN: UN APÉNDICE PARA LOS CRISTIANOS

"**C**onsagren a Cristo como Señor en sus corazones, y siempre estén preparados para dar respuesta a todo el que les pida razón de la esperanza que hay en ustedes" (1 Pedro 3:15)

Es bíblico; se nos instruye a estar preparados para compartir nuestras razones para creer. La totalidad de las razones de cada persona no será la misma que la de otra. Sin embargo, algunos de los principios básicos serán los mismos. Si creer te hace feliz y te da paz, eso es algo bueno. Dios nos ofrece una paz que sobrepasa todo entendimiento y gozo en el Señor. Pero tu razón debe ser más que eso. Al fin y al cabo, muchos ateos también son felices. Los cristianos no deberían disculparse ni sentirse mal por su fe. La apologética tiene que ver con desarrollar razones para la esperanza que tenemos.

Entonces, ¿qué es "apologética"? La palabra "apologético" es uno de esos términos llamados contrónimos. Tiene dos significados que son básicamente opuestos. Ser apologético puede significar sentirse arrepentido o expresar contrición. También puede significar defender (algo). "Apologética" es un uso específico de la palabra. La siguiente descripción es de Wikipedia:

"La apologética es la disciplina religiosa de defender doctrinas religiosas a través de argumentación y discurso sistemático. Los primeros escritores cristianos que defendían sus creencias contra los críticos y recomendaban su fe a los que estaban fuera de la iglesia fueron llamados apologistas cristianos. En el uso del siglo XXI, la apologética se asocia a menudo con debates sobre religión y teología."

Parece que la principal pregunta aquí es por qué el cristianismo (en lugar de otras creencias teístas)? Esto va más allá de por qué creo que hay un Dios. Honestamente, he estudiado poco y con menos profundidad otras religiones importantes. Lo que he leído es que ningún profeta o figura sagrada en ninguna religión ha afirmado ser Dios. En mi lectura de la Biblia, veo muchas maneras en las que Jesús lo hizo.

Creo que hay muchos aspectos positivos en el budismo, el hinduismo y el islam. Ninguno de sus profetas afirmó ser Dios. Ser repetidamente reencarnado o absorbido en el nirvana o algo similar no suena como entrar en el reino de Dios en el cielo.

Tener razones sólidas para nuestra creencia y fe también es útil para apoyarnos en tiempos de pruebas y tribulaciones. Cuando encuentras que tu fe está siendo seriamente desafiada, se te anima a orar, hablar con otros en los que confías y que pueden ayudarte, leer las Escrituras. Si tienes razones para creer en tu mente, las reflexionarás. Es otra fuente de ayuda.

Si deseas construir sobre razones extra-bíblicas para creer, es decir, historia, filosofía y ciencia, creo que hay buenos libros para leer en la bibliografía. Recomiendo los libros de Brierley (2017), Flew (2007), Lewis (1952) y *Evidence that Demands a Verdict: Historical Evidences for the Christian Faith* de Josh McDowell, en dos volúmenes.

Que todos podamos crecer en la fe y en la capacidad de compartir nuestra fe. Que nos amemos los unos a los otros y a aquellos de otras religiones sin sacrificar la verdad. Que Dios nos bendiga y nos guíe.

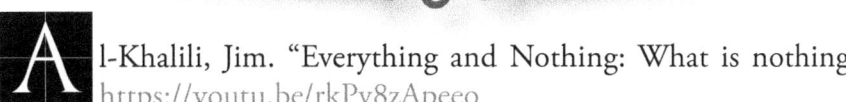

BIBLIOGRAFÍA

Al-Khalili, Jim. "Everything and Nothing: What is nothing?" https://youtu.be/rkPv8zApeeo

Axe, Douglas. 2016. *Indiscutible: Cómo la biología confirma nuestra intuición de que la vida está diseñada*. Nueva York: Harper Collins Publishers.

Brierley, Justin. 2017. *¿Increíble? Por qué, después de diez años de hablar con ateos, sigo siendo cristiano*. Londres: Society for Promoting Christian Knowledge.

Dawkins, Richard. 2006. *La ilusión de Dios*. Nueva York: Houghton Mifflin Company.

Feser, Edward. 2008. *La última superstición: Una refutación del nuevo ateísmo*. South Bend, IN: St. Augustine's Press.

Flew, Antony (Ed.). 1964. *Cuerpo, mente y muerte: Desde Hipócrates hasta Gilbert Ryle sobre la pregunta «¿Qué es la conciencia?"* Londres: The Macmillan Company.

Flew, Antony. 2007. *Existe un Dios: Cómo el ateo más famoso del mundo cambió de opinión*. Nueva York: Harper One.

Furst, Charles. 1979. *Los orígenes de la mente: Conexiones mente-cerebro*. Nueva Jersey: Prentice-Hall, Inc.

Geisler, Norman L. y Turek, Frank. 2004. *No tengo suficiente fe para ser ateo*. Wheaton, IL: Crossway.

Gleick, James. 1978. *Caos: Haciendo una nueva ciencia.* Nueva York: Viking Penguin Inc.

Gribbin, John. 2011. *Solo en el universo: Por qué nuestro planeta es único.* Hoboken, NJ: John Wiley & Sons, Inc.

Groothuis, Douglas. 2011. *Apologética cristiana: Un caso completo para la fe bíblica.* Downers Grove, IL: Intervarsity Press.

Hawking, Stephen. 2018. *Respuestas breves a las grandes preguntas.* Nueva York: Bantam Books.

Hawking, Stephen. 2001. *El universo en una cáscara de nuez.* Nueva York: Bantam Books.

Hawking, Stephen y Mlodinow, Leonard. 2012. *El gran diseño.* Nueva York: Bantam Books.

Harding, Fred. *Stephen Hawking y el autor divino: El día que Hawking encontró a Dios pero no podía creer lo que veía.* Reino Unido.

Hitchens, Christopher. 2007. *Dios no es grande: Cómo la religión lo envenena todo.* Nueva York: Twelve.

Hitchens, Peter. 2010. *La rabia contra Dios: Cómo el ateísmo me llevó a la fe.* Grand Rapids, MI: Zondervan.

Keathley, Kenneth, Stump, J. B. y Aguirre, Joe (Eds.). 2017. *¿Creación evolutiva o tierra vieja? Discutiendo los orígenes con Reasons to Believe y BioLogos.* Downers Grove, IL: InterVarsity Press.

Keller, Timothy. 2018. *La razón para creer en Dios: La fe en una era de escepticismo.* Nueva York: Penguin Books.

Krauss, Lawrence M. 2012. *Un universo de la nada: Por qué hay algo en lugar de nada.* Nueva York: Free Press.

Kreeft, Peter y Tacelli, K. 1994. *Manual de apologética cristiana: Cientos de respuestas a preguntas cruciales.* Downers Grove, IL: Intervarsity Press.

Leisola, Matti y Witt, Jonathan. 2018. *Hereje: El viaje de un científico de Darwin al diseño*. Seattle: Discovery Institute.

Lewis, C. S. 1940. *El problema del dolor*. Nueva York: Harper One.

Lewis, C.S. 1952. *Cristianismo puro y simple*. Nueva York: Harper One.

Lewis, C. S. 1955. *Sorprendido por el gozo*. Nueva York: Harper One.

Lewis, C. S. 1970. *Dios en el banquillo*. Grand Rapids, MI: Wm. B. Eerdmans Publishing Co.

Pope, Kenneth S. y Singer, Jerome L. (Eds). 1978. *El flujo de la conciencia: Investigaciones científicas sobre el flujo de la experiencia humana*. Nueva York: Plenum Press.

Powell, Diane Hennacy, M.D. 2009. *El enigma de la percepción extrasensorial: El caso científico de los fenómenos psíquicos*. Nueva York: Walker Publishing Company, Inc.

Rasmussen, Joshua. 2019. *Cómo la razón puede llevar a Dios: El puente de un filósofo hacia la fe*. Downers Grove, Illinois: IVP Academic.

Ross, Hugh. 1983. *El Creador y el cosmos: Cómo los mayores descubrimientos científicos del siglo revelan a Dios*. Colorado Springs, CO: Navpress.

Ross, Hugh. 2014. *Navegando el Génesis: El viaje de un científico a través de Génesis 1-11*. Covina, CA: Reasons to Believe.

Ross, Hugh. 2016. *El planeta improbable: Cómo la Tierra se convirtió en el hogar de la humanidad*. Grand Rapids, MI: Baker Books.

Schaeffer, Francis. 1976. *¿Cómo debemos vivir entonces?*. Wheaton: Crossway.

Schaeffer, Frank. 2014. *Por qué soy un ateo que cree en Dios: Cómo dar amor, crear belleza y encontrar paz*. Salisbury, M.A.: Regina Orthodox Press.

Schroeder, Gerald L. 2001. *El rostro oculto de Dios: La ciencia revela la verdad última*. Nueva York: Touchstone.

Schwartz, Gary E., Ph.D. 2006. *Los experimentos G.O.D.: Cómo la ciencia está descubriendo a Dios en todo, incluso en nosotros*. Nueva York: Atria Books.

Stump, J.B. (Gen. Ed.). 2017. *Cuatro puntos de vista sobre la creación, la evolución y el diseño inteligente*. Grand Rapids, MI: Zondervan.

Varghese, Roy Abraham. 2003. *La maravilla del mundo: Un viaje desde la ciencia moderna hacia la mente de Dios*. Fountain Hills, AZ: Tyr Publishing.

Wilker, Benjamin y Witt, Jonathan. 2006. *Un mundo con significado: Cómo las artes y las ciencias revelan el genio de la naturaleza*. Downers Grove, IL: InterVarsity Press.